读史衡世·名相篇

忧国忘谋身 寇准

李庆彩 ◎ 著

华中科技大学出版社
http://press.hust.edu.cn
中国·武汉

图书在版编目（CIP）数据

忧国忘谋身：寇准/李庆彩著. -- 武汉：华中科技大学出版社，2024.4
ISBN 978-7-5772-0370-6

Ⅰ.① 忧… Ⅱ.① 李… Ⅲ.① 寇准（961-1023）—传记
Ⅳ.① K827=441

中国国家版本馆CIP数据核字（2024）第033776号

忧国忘谋身：寇准
Youguo Wang Moushen: Kou Zhun

李庆彩 著

策划编辑：亢博剑
责任编辑：肖诗言
责任校对：张会军
封面设计：VIOLET
版式设计：曹　驰
出版发行：华中科技大学出版社（中国·武汉）　　电　话：（027）81321913
　　　　　武汉市东湖新技术开发区华工科技园　　邮　编：430223
印　　刷：天津中印联印务有限公司
开　　本：880mm×1230mm　1/32
印　　张：7.5
字　　数：190千字
版　　次：2024年4月第1版第1次印刷
定　　价：49.80元

本书若有印装质量问题，请向出版社营销中心调换
全国免费服务热线：400-6679-118　竭诚为您服务
版权所有　侵权必究

前言

千年前的大宋,脱胎于纷乱的五代十国,如一只精美的瓷器,脱胎于污浊的泥土。宋初的人们珍惜来之不易的和平宁静,用尽全力释放着属于每个人的华彩。大宋灿烂繁荣的文化盛景在数千年中华文明史上熠熠生辉,同时,宋人风雅别致的精神世界也让后世望尘莫及。

在那个时代,与大宋一同繁荣起来的士大夫阶层成了一个最为独特的群体。他们兼收并蓄,既有对千年文化的厚积薄发,又大胆追求个性释放,风雅独立;既有收复河山一统天下的豪情壮志,又有婉转清丽如泣如诉的多情细腻。这个阶层中,诞生了大批文坛上、历史上熠熠生辉、千年不朽的文化名人。寇准便是他们中不可略过的一位,在他身上,体现着这种兼容并包带来的无限魅力。

纵观寇准一生,文韬武略,两度入相。他出身书香世家,自幼天赋过人,也接受了良好的教育,一首《咏华山》尽显少年志气。他对历史有着深刻的认识,刻苦读史却不唯史,每每提出见解,都能赢得众人感叹欣赏。他年幼时,老师便赞叹其可为宰辅;为臣后,他受到宋太宗赏识、偏护。从小他便立下壮志给天下百姓以太平盛世。辽军大兵压境,举目朝廷内外,真宗皇帝只能相信寇准一人,于是不惑之年的寇准凭借自身对历史和时势的独到见解与准确判断,在千年历史之上挥就神来之笔,促成宋辽缔结"澶渊之盟",亲手营造出宋朝百年和平的图景。

寇准忠心爱国,位极人臣。他曾辅佐太宗、真宗两代帝王,稳固了大宋社稷,两代帝王对其忠心与能力无半分怀疑。太宗立储时,询问寇准意见,寇准此时却只简单进言,让太宗相信他自己的判断,做出正确的选择。真宗后期,太子年幼,外放数年的寇准被召回京城,只因真宗相信,面对朝局动荡的隐隐危机,寇准是一把利剑,这一次,寇准选择正面突破,与刘皇后、丁谓等人展开激烈交锋。即便如此,寇准之忠却并不唯上,他在大是大非面前,敢于挑战皇权,坚持正确立场,太宗不听劝谏时,他"挽衣留谏",虽不合礼制,但赢得太宗将他与魏徵相提并论的高度赞赏。面临辽军压境,真宗畏战,他软硬兼施,迫使皇帝御驾亲征,在战场上与杨亿把酒言欢,帮真宗树立信心与决心,为大宋夺取澶州之战的关键胜利打下基础。寇准的政治抱负系于家国天下，他为了国家命运"左右"天子，在相权与皇权之争中尽显智慧。

与瓷器般的华丽与繁荣相对，那个时代亦是矛盾脆弱的。外有虎视眈眈的草原文明强势崛起，整个国家却将和平的希望寄托在千方百计避战求和的手段上。内有日益显露的党派纷争禁锢脚步，统治者却依然奉行"异论相搅"，小心翼翼地维持权力的短暂平衡。想要建立堪比盛唐的强大王朝，却固守祖宗之法裹足不前……寇准身上也有着鲜明的大宋烙印，他坚持行正道，守大义，却不愿磨平棱角。这样的寇准，注定不会一直平顺。他的各种出乎常理的行为，以及他从未改变的性格，让他的仕途曲折跌宕，最终被排挤出权力中心。

寇准的身上，有不少矛盾的特质。

高傲与屈服。寇准是高傲的，十九岁中第的寇准，年纪轻轻便深受太宗器重，而立之年便成为一国参政（参知政事），快速到达权力顶峰的寇准因此自视甚高，他俯瞰整个大宋，他轻视自己的政敌：在正得圣眷的曹利用与其商议公事时，寇准嘲讽曹利用武夫出身，导致曹利用与他反目，千方百计寻找寇准漏洞，欲将其排挤出朝廷；在政敌丁谓卑微讨好自己的时候，又当众讽刺丁谓作为参政，只懂得"溜须"长官，导致丁谓对其恨之入骨，用尽手段将其一贬再贬，直至雷州……可这样高傲的寇准，在面对真宗一次次的疏远之后，不得不选择向皇权屈服，他一次次向真宗示好，只为重回权力核心，肃清朝政，镇压奸佞。但短暂的回归后，最终他迎来更远的贬黜，只因高傲是其天然的个性，他可以暂时隐藏，却难以彻底改变。屈服只是表象，这反而会让寇准更显心口不一。归根结底，寇准是骄傲的，他虽拥有权力，却藐视权力，因为权力不过是其完成政治目标的工具。需要时，他可以违心献天书，只为重登相位。得到后，他却不曾为守护权力而小心翼翼，不论是高高在上的皇权，还是暗处栖身的政敌，都不能改变寇准的性格底色。

寇准也是宽容的，晚年寇准被政敌丁谓陷害，流放雷州，此时的寇准已风烛残年，远离权力中心多年，再不复当年的风光。

但当构害自己的丁谓被流放崖州，一路上历经坎坷，途经寇准贬所时，寇准却不计前嫌，命人送上蒸羊，又对家中仆从严加管束，防止他们加害丁谓给自己报仇。

无私与偏见。寇准为官，目标从来不在一己之私，他多次大力举荐优秀人才，朝堂上下，因寇准举荐而被发掘重用的人才比比皆是，寇准视为朝廷举荐人才为己任，却依然有着"我行我素"的行事风格，终究难逃偏私之嫌。他不喜欢南方人而偏袒北方举子，因此险些害晏殊成为沧海遗珠。就连推官这样的事，他都要以自己的好恶来行事，导致同僚怨声载道，群起弹劾。他因自己的偏私招来太宗对他擅权的质疑，真宗也认为他是在收买人心。但实际上，他只是在坚持自己的标准，哪怕与旧制不符，哪怕因此触怒皇帝和群臣。

奢侈与穷困。大宋文官待遇优厚，寇准因此生活无虞，但寇准却不蓄私产，只纵情享乐。在京城为官时，他便常与同僚们欢宴；知外州时，他兴致依然不减，官舍里高燃红烛，舞伎歌姬彻夜跳着欢快的柘枝舞。晚年的寇准虽穷困窘迫，忍受病痛折磨，却落得个清闲，忆起当年繁华，写下《六悔铭》追忆往昔，反省自我。

在文化繁荣的大宋，寇准不是最闪耀的，他的文采与宋朝其他才华卓著的后辈们相比，稍显普通。在名臣辈出的大宋，寇准也不是最成功的，他的经历总是让人替他感到惋惜。但寇准确实是极特别的那一个。寇准身上，兼收着太多的才华，让他在中国几千年璀璨的历史长卷中永久地占据着一席之地。寇准身上，并蓄着太多的矛盾，却也因此独一无二，他比那些板起面孔的圣贤多了一分生动，比那些凄风苦雨的忠良多了一分色彩。在众人都矜持自守的时代，这样的寇准必然遭遇质疑，正是因为他不会以圣贤教诲苛待自己，更不会因世人眼光而改变自己的行事风格。寇准那满是争议的坎坷道路，是他始终坚守自己强大的内心，坚持自己从来不曾改变的标准铺就的。

这样的寇准，是不守成规的行者，亦是不戴脸谱的英雄。

目录

第一章 少年得志

第一节 寇准家世 001

第二节 年少往事 006

第三节 进士及第 010

第四节 初仕地方 015

第二章 孤勇之臣

第一节 青云直上 024

第二节 叱咤开封 031

第三节 犯颜直谏 037

第四节 被贬青州 041

第三章 立储风波

第一节 斧声烛影

第二节 储位之争 046

第三节 卿来何缓 052

第四节 真宗继位 058
　　　　　　　　067

第四章 澶渊之盟

第一节 辽宋之变 073

第二节 京城风云 083

第三节 澶州之战 095

第四节 缔结欢盟 103

第四节　天书闹剧

第三节　重返京城

第二节　陕州履职

第一节　再度离相

第六章　天书封禅

140　147　153　165

第四节　君臣离心

第三节　奸邪之辈

第二节　功过之间

第一节　真宗还朝

第五章　仕途之巅

115　124　128　133

第四节 世人评说

第三节 埋骨异乡

第二节 百姓之友

第一节 尘埃落定

第八章 忠愍功业

第四节 落败远贬

第三节 真宗抉择

第二节 中宫之主

第一节 再入中书

第七章 天禧政争

171　177　191　198

206　214　219　222

第一章 少年得志

第一节 寇准家世

翻开中国古代历史画卷，繁荣富庶的大宋在这千年长卷中闪耀着璀璨的光芒。不论是绝美的文学、高雅的艺术，还是理性的哲学，甚至山河破碎的凄美与遗憾，都让它充满无与伦比的魅力，让后世无限向往。而大宋之所以成为我们看到的样子，与它的缔造者们有着密切的关系。寇准作为宋初的名相，对大宋的内政外交都有着深刻的影响，甚至在某些特定的历史时刻发挥了关键的作用。可以不夸张地说，在一些时候，寇准以一己之力改变了大宋的历史走向，成为它当之无愧的"缔造者"之一。

宋太祖建隆二年（961年）农历七月十四，寇准出生于华州下邽县的一个书香之家。下邽，这个生僻的名字承载了中华民族厚重的历史记忆，这里设县的历史甚至可以追溯到秦国讨伐西戎之时。奔涌而过的郑国渠，滋养了自大秦以来建立在这片土地上的一切文明，在这里发生过的众多历史故事，都成为这片土地独有的积淀。但就像寇湘因为儿子寇准的成就而能在史书上占有一行字的记载一样，下邽县也是因张任愿、白居易、寇准三人，才有了"三贤故里"的美誉，可见，"人杰地灵"是人与他的诞生地的相互成就，下邽与寇准，就是这样的一种关系。

寇准的父亲寇湘也是读书人，是五代十国时后晋开运二年（945年）乙巳科的状元。他博古嗜学，以文章名盛一时。状元及第后，曾在魏王府做参军，其他事迹不详。在那个对读书人并不友好的时代，即使像寇湘这样的状元才子，也难以施展抱负。在强盛的大唐之后，寇湘生活的五代十国时期堪称中国历史上最混乱的时代之一。在北方，唐后期有实力的藩镇政权先后建立起五个朝代，这些短暂的王朝大多由武人建立，虽然他们以大唐的继承者自居，却无力延续大唐的传奇，甚至失去了中原王朝赖以为屏障的燕云十六州。而在南方，十国并立，将中国广阔的国土分割成细小的区域，战事连年不断。对于以治世为己任的读书人来讲，生在这样的时代是巨大的悲哀——面对动荡的时局，文人是孱弱无力的，即使身居高位，也难以阻止政权的频繁交替、文化礼制的衰败。而面对北方虎视眈眈的大辽，以农耕文明为基础的各中原政权都显得力不从心。难以实现的报国理想，是每个像寇湘一样郁郁不得志的读书人的痛处。永远无法施展的抱负，也是他们最难以释怀的悲哀。寇湘虽饱读诗书，却只能在一名武将手下供职，终究难以施展才华，只能眼看着自己热爱的山河土地遭到践踏蹂躏。但是作为一个文人，寇湘还是坚信，读书修身终是正道。在寇准出生后，他把希望寄托在了寇准身上，他不遗余力地培养自己的儿子，希望寇准能够读书报国，实现自己一生未能达成的愿望。

寇准的家族是一个耕读传家的家族，纪念寇准的《莱国寇忠愍公旌忠之碑》（简称《寇准碑》）中记载了寇氏家族的来历：寇家的姓氏源于春秋时的官职——司寇，主管刑狱之事的官员。寇家的祖先在春秋时曾任司寇一职，因有功，被赐以官职为姓。这样一段光辉的家族史，没有被记录在正史的原因是寇氏的族谱曾经丢失过。以这段久远到缥缈的传说来判断寇氏家族曾经的荣耀并不足信，但即使这是杜撰的事情，能够以这样的传说激励后人发奋上进，本身就说明了这个家族对子孙的期望——读书、做官被当作家族的追求，救国济世被认为是家族的责任。寇准年幼时，大宋正处于百废待兴的阶段，百姓们的生活并不富裕。寇湘为官多年，寇家的情况比底层百姓的情况要好些，能够供得起寇准读书学习。或许是受到了父亲的种种激励教导，寇准年少时便有着高远的志向，他所钻研的学问多是关于历朝历代兴衰道理的，正如历史记录的那样，少年寇准最为人所称道的读书成就不是幼年就能作诗，而是对《春秋》"三传"——《春秋左氏传》《春秋公羊传》《春秋穀梁传》的浓厚兴趣和独到见解。《寇准碑》记载，寇准十五岁时，就对这些著作有着深入的研究，碑文提到他"不俟讲解，不循注疏，三家异同之说，辄援笔剖析以辨明之，辞直理正，沛若大手，先儒老生曰：'是真所谓宿习者！'"

也就是说，寇准学习"三传"，并不拘泥于前人的讲解和批注，而是会对其中的内容和观点进行比较鉴别，还会提出自己的感悟和见解，俨然成了这方面的专家。

《春秋》是儒学家们最为重视的儒家经典之一，却也是儒学研究的难点之一。这部经典在成书不久后散佚，后来经汉代学者重新编纂整理，形成了流传后世的《春秋》"三传"——《春秋左氏传》《春秋公羊传》《春秋穀梁传》。这部经典最大的特点是"言简意深"，平常的学者没有注释都很难看得懂。最为难得的是，年纪轻轻的寇准不但对"三传"深有研究，还做到了不拘泥于老师的讲解，甚至突破了书中的内容，创造性地提出了自己独到的见解。作为儒家学说的主要经典，《春秋》"三传"包含了儒家最重要的思想，对整个大宋的治国思想都有着深刻的影响，少年寇准也在对前人学说的钻研和质疑中，逐步成长为符合大宋实际需求的政治家。据《寇准碑》记载，寇准"平生记载，于章疏尤工，国政民事亡巨细，钩校利害，为上悉陈之，其旨粹，其言简，故多所开益。余稿都焚灭弃去，虽至戚不得见"。可以看到，寇准一生的性格与他研习《春秋》"三传"的精神是一致的——对事物有自己独到的见解、不拘泥于规矩。

寇准生长的年代，正是士族逐渐消亡的时代。五代十国混乱动荡，随着权力的频繁洗牌，世家大族固有的优势被连根拔起，是否有足够显赫的出身就变得不再至关重要，才能和努力对一个人政治前途的影响变得更大。宋太祖赵匡胤在建宋后不久，便设立儒馆、增设国子监，培养人才，甚至经常到国子监看望学生们。尤其重要的是，他对科举制度进行了改革，规定不论出身贫富，都可以参加科举，甚至将殿试确立为一种制度，以杜绝人才选拔中的徇私舞弊现象。这些制度逐渐明朗，科举成为读书人进入仕途的主要途径。宋代科举不讲门第，这就使许多中小地主及其子弟和下层文人有机会晋升到官僚阶层。而那些出身富贵人家的子弟，如果不参加科举考取功名，就会丧失权力和俸禄，逐渐沦落为社会的中下层。这样双向的社会流动，既能够防止累世公卿的出现致使君权大权旁落，又能够给封建统治阶层增添新鲜血液。太祖择才也不侧重于资历、家世，而是更关注人才本身的能力和才德，只要德才配位，破格提拔的事情不在少数，这在宋之前还是很少见的。

寇准就是有幸得遇了这样一个重视文人的时代，这种幸运则足以弥补先祖们的遗憾。

经过了长期的战乱，大宋王朝将主要精力放在了迅速恢复社会经济发展上，希望让社会回归繁荣。武将出身的赵匡胤、赵光义二兄弟对五代十国时期武人统治的弊端、大唐末期藩镇割据的武装力量对王朝统治的威胁都有着深刻的认识，因而大宋王朝的最高统治者将治理国家的希望寄托在更富智慧的文人身上，由此奠定了整个宋朝社会重文抑武的基调。在这样的风气影响下，不管是王朝的最高统治者，还是怀揣着治世梦想的读书人，都在努力寻找更适合的道路。寇准这样的读书人终于能够在被翻耕过的历史土壤中扎下属于自己的根基，有机会创造出独属于这个时代的壮举。宋代的文人士大夫群体，不但成为宋代社会治理的中坚力量，更将整个中华民族对知识、礼仪、道德的崇拜推上了新的高度，为大宋打上了鲜明的烙印。

随着这个王朝建立发展，寇准也成长起来了。在几代文人经历了对治世的失望之后，这位少年异常顺利地登上了历史舞台，并迅速攀上权力的高峰。他在最意气风发的年纪，为这个王朝贡献了自己的智慧，在这幅壮美的画卷上刻下了自己的功绩。

第二节　年少往事

提到寇准一生的行事风格和独特的脾气秉性，不论是民间传说还是史书，都会从寇准的童年、少年时期找原因。但其实不无道理，寇准幼年时，大宋王朝刚刚建立起来，从统治者到百姓，对这个新诞生的王朝都充满了期待，这个时期对此后大宋的三百年都有着深刻的影响。

寇准出生于宋太祖建隆二年（961年），这是宋太祖建立大宋的第二年。与五代时期的混乱不同，太祖带着这个新生的王朝逐渐走向了稳定，他按照先南后北的顺序逐个消灭了五代十国的剩余割据政权，期待着将宋塑造成超越唐的强大王朝。在这样宏伟目标的指引下，整个统治集团都希望能够有效避免唐后期的各种失败。就在寇准出生这年，太祖一场酒宴，罢免了大将石守信、高怀德、王审琦、张令铎、赵彦徽的军职，并通过联姻的方式将这些曾经与自己出生入死的高级武将变成了并无军权的贵族，这也昭示着大宋从艰难的创业阶段来到了守业、建设阶段。

宋初在文化上受唐代的影响还比较深，诗作为唐代科举取士的重要考核项目，也是宋初文人的重点学习内容。寇湘不仅重视对寇准文学能力的培养，而且经常带寇准游历山水，感悟自然。寇准八岁时便能够作诗，一首颇有唐代遗风的言志诗《咏华山》，让寇准"神童"的名号响彻乡里：

> 只有天在上，更无山与齐。
> 举头红日近，回首白云低。

一时间，就连寇准的老师都忍不住对寇湘称赞道："贤郎怎不做宰相？"这首《咏华山》在气势上比同样少年成名的骆宾王的《咏鹅》盛大许多。寇准受父亲影响，从学之后便积极地培养自己在诗词文章方面的能力，十四岁时已经写出了不少优秀的诗篇。后人对寇准的诗歌有着很高的评价，认为他是"晚唐体"的代表人物之一，甚至在题材范围和抒发情感方面比其他"晚唐体"诗人更胜一筹。寇准曾将自己作的诗编成《巴东集》流传后世，因此也赢得了"寇巴东"的称号。虽然与之后的欧阳修、苏轼等人相比，寇准在诗词艺术上显得造诣不够，但作为晚唐体的重要代表人物，寇准在诗文方面依然具有一定影响力。

寇准十岁时寇湘亡故。没有了寇湘的教导，原本乖巧好学的寇准发生了很大的转变，他立下的志向开始动摇，甚至出现了短暂的"叛逆"，不但荒废了学业，还沾染了一些不良嗜好。回忆起自己年少时，寇准曾提到这样的趣事：虽然聪慧过人，但在年少时偏好飞鹰斗狗，还好与一些富家子弟交往，身上不良习气颇多。寇母对寇准同样抱有极高的期待，寇湘去世后，寇母秉承了寇湘的遗志，对寇准的教育更加重视了。她在扛起教养寇准的全部责任的同时，还需要操持全部家务。看见本来前途无量的寇准开始变得不思进取，寇母对他进行了几番苦口婆心的劝说："平仲，我观你近日只知玩乐，疏于学业，不复当日你父在时用功。你应当谨记你父亲叮嘱，刻苦攻读，将来报效大宋，光耀寇家门楣啊！"

而寇准已经对这种劝导习以为常，敷衍地答应下来，却依然我行我素，日益放浪。寇母看在眼里，急在心里。一日，爱子心切的她做出了一个超出寇准所料，甚至是寇母自己都没有想到的举动——她举起沉重的秤砣向寇准砸去，正中寇准的足部，让他流血不止。被母亲这一砸，寇准不仅仅是受了外伤，其内心也受到了极大的震撼———向对自己疼爱有加、温和慈祥的母亲居然对自己下了如此狠手，可见她对自己的失望之深。应该能够想象得出，见到寇准受伤，寇母也无比自责。这一砸，使寇准终于觉醒，开始摒弃陋习，刻苦攻读。自此以后，寇母对寇准的教育更加精心，为了能够让寇准专心学习，寇母曾经带着寇准到寺院去居住，让寇准能够在清静之地全身心地投入学习。而寇准则越发虚心向学，发奋图强。成名之后，寇准每每看到脚上的伤疤，还会想起母亲当年的教诲。

寇准又回到了父母期待的道路上，重新建立起了远大的目标，再次将精力放在读书上。而寇准的天赋和智慧，也得到了更好的发挥。寇准回忆童年轶事时，曾讲过当时他与其他孩童不一样的两个地方。一是他的耳朵：在出生的时候，寇准的耳垂有肉环，几岁之后才长好。二是他自幼对佛寺很感兴趣，喜欢与僧人们一起探讨学习。关于耳垂的畸形，虽然是天生的缺陷，却与中国古人热衷于用身体的异常来衬托与众不同的人生经历的习惯相符合，比如《隋书》对隋朝开国皇帝杨坚出生时的样貌描述："忽见头上角出，遍体鳞起……"寇准也难以免俗，毕竟每个人都希望自己与众不同，寇准更是将自己这种小小的与众不同当作激励自己的动力。而关于他喜欢与僧人交谈这点，倒是能看出寇准在思维方式上与常人的差异。佛学是一门极其讲究悟性的学问，在看待外部事物的时候，所得结论与自身的感知与联想能力有着很大关系，往往要超脱于平常人的思维，方可有所开悟和收获，这也说明寇准的思维方式更倾向于深层次的探索和感知。而寇准自年少时便有这样异于常人、高于常人的思维能力，也是他后来能够身居高位、辅佐天子的原因之一。

历史久远，我们已经无法完全还原这位影响了整个大宋政治格局的名臣究竟怎样度过了童年、少年时期，但从历史记载的只言片语中，我们能够得到这样一个大致轮廓——他是一个天才，有着常人难以企及的天赋，八岁时，他就有了高远的志向；他也有着悲惨的童年经历，十岁丧父，虽然有过一段纨绔难驯时期，但他知错能改，逐渐形成了坚毅的性格，成了母亲的主心骨、寇家的主心骨，直至成为整个大宋的主心骨。这些年少时养成的或好或坏的性格习惯贯穿了他的整个人生，但总归瑕不掩瑜，他的聪慧、自信、果决都是他作为独一无二的一代名臣不可缺少的部分，他的狂傲不驯也是他留名千古的一大特征。

第三节　进士及第

寇准十九岁中进士，这是一个什么概念？想要客观地回答这个问题，首先要全面地了解宋朝科举考试的相关制度。首先要明白，"进士出身"身份之人，是我国古代科举制度下重要的官员来源。在唐代，有了进士出身的身份，就有了授官的资格，而在宋代，进士出身则可以直接授官，可以说，进士出身身份在宋代受到了前所未有的优待。宋代对于进士出身的官员尤为重视，甚至明确规定有些官职只能是进士出身的官员才能担任。既然进士出身待遇如此优厚，取得进士出身所必经的科举考试的难度也可想而知。

科举制度始于隋唐，在宋代得到了进一步的发展。宋初，学子们参加考试要经过多个考试环节，通常是先参加解试，应试的士子要向户籍所在地官府报名，经过地方考察推荐后，进而参加州、府的考试。合格后，再赴京师参加由礼部主持的省试。省试合格后是殿试，由中央拟题，皇帝亲自审阅试卷，决定名次。经过这一系列复杂的考试流程，合格之人自是所剩无几。

宋代科举考试不但在考试科目设置上进行了细化，还对试官的责任做了明确规定：如果发现监考官、试官收受人情财物，则以贪赃枉法从重论罪。宋代的科举考试与唐代相比，在公平性上有了更大的进步。太祖亲自下诏废止了行卷制度。所谓行卷，就是应试举子将自己的诗文编辑成卷，在考试之前投呈给当时的名公世卿及文坛上有名望地位的人，求得权贵赏识，以此获得声誉以及向主考官公荐的机会。所谓公荐，就是一些社会名流向主考官推荐那些他们认为有文化、有水平、有名望的人。这种行为在唐后期逐渐从个人行为发展成了官府规定的流程，应试考生需按照规定将自己平日所作的诗文呈交主考官，在评阅试卷时将此作为能否中第的参考依据之一。有的考生会三番五次地向主考官投送自己的诗文来"温卷"，让考官熟悉自己的诗文。久而久之，主考官对考试结果的影响超出了考生的本身才能，中间不仅滋生了腐败，中第之后，考生与考官之间也会有超出正常同僚的特殊关系，这种行为在刚刚建立的宋朝，是不能被统治者所容忍的。

所以在寇准应试的太宗时期，科举考试已经可以不受战乱的影响，也最大程度地避免了家族势力、门第等其他因素的影响。加之太宗担任开封府尹时就十分重视文臣的作用，继位后更是接过太祖衣钵，继续大兴科举，像寇准这样的读书人，有了更多走上仕途的机会。但十九岁的寇准并不知道自己的幸运，他只是带着十余年苦读的成果，带着母亲的殷殷期望和从童年就开始积累的自信参加了考试，并最终金榜题名，一举考中进士甲科并取得了参加殿试的资格。

寇准从小精研《春秋》"三传"，苦练诗文，为科举考试做了充足的准备。在重重筛选之下，年纪轻轻的寇准能够进士及第，这是那个时代给予他的"红利"，但更重要的还是因为寇准的天赋和努力。十九岁中进士是一件值得他骄傲一生的事，也是他一生性格高傲的根源之一。寇准及第这一时期，他还遇到了两件幸运的事情。

第一件幸运的事，就是寇准遇到了志同道合的伙伴。寇准十四岁后，便外出游学，在游学期间寇准结识了自己的一生挚友张咏，二人一同参加了科举考试。张咏（946—1015年），字复之，号乖崖，谥"忠定"。张咏比寇准大十五岁，两人相识时，寇准还只是个初出茅庐的少年。两人同年中第，自从相识之后，寇准一直将张咏当作自己的兄长，张咏也把寇准当作自己的弟弟看待。每当寇准做事欠妥，张咏会毫不客气地当面批评寇准，即使两人后来都身居高位，这种情谊也没有改变，后来两人在官场中守望互助多年。相识于微时的张咏、寇准能够保持友谊多年，实则是因为相似的脾气秉性。两位脾气相投的年轻举子相遇恨晚，二人性格相似——都豪放不羁，甚至有些桀骜不驯；爱好相同——除了经常以诗文相和，二人都酷爱饮酒；最重要的是二人有着高度相似的政治理想：将大宋治理成为超越唐朝的盛世，自己成为比肩管仲、乐毅的贤臣良辅。

另外一件幸运的事，便是寇准坚持了自己的原则。宋初，殿试的主要目的是淘汰部分考生，但淘汰的具体比例不固定，标准也很随意，大多是根据皇帝的个人喜恶，对考生进行排名、授予官职。显然，在殿试中，或者说在授予整个大宋最优秀的人才官位的过程中，只有皇帝本人才能决定这些学子的去留，决定自己要用的究竟是什么人。从此，进士便被称为"天子门生"，他们有了更多的理由忠于皇帝，因为主持殿试的皇帝对这些人来说，在身份上已经有了更复杂的构成——他已经不仅是这些参加科考的文人必须忠诚对待的"天子"，更是对他们有知遇之恩的"伯乐"。

对于十九岁的寇准和与他一起参加考试的考生们来说，能够参加殿试，面见天子，本就是一种至高无上的荣誉，通过了这项考试，就意味着他们能奔赴大宋官场的各个领域，成为统治阶层中的一员。这项考试也并不是真的完全由皇帝来主持，实际操作当中，皇帝一般会将具体事务交给临时选定的人员负责，自己只负责审阅评定，这些被选定负责具体事务的官员被统称为殿试官。虽然考试已经尽可能地做到公平，但还是会有人期待通过向考生们传递一些经验来换取考生们的青睐，以拉拢这些日后前途难以估量的考生们，而考官们需要做的其实也不难，只需要根据以往经验和自己对皇帝的了解，帮助那些他们认为有更大希望通过考试的考生避开皇帝明显不喜欢的短板即可。

就这样，在跨进大殿之前，某位看好寇准的殿试官神神秘秘地向寇准传授了经验。

"年轻人，看你仪表堂堂，气宇不凡，想必此次殿试也是志在必得。今年多大了？"这位殿试官一眼就看出了寇准的青涩，见寇准身上又带着一股英气和坚定，殿试官的脸上带着欣赏。

"启禀大人，学生今年十九。"

"很好，真是年轻有为，后生可畏呀！我在陛下身边侍奉多年，既与你有缘，不妨给你一些忠告，或许以后我们就是同僚了，到时还要相互提点才是。"

"谢大人垂青，学生洗耳恭听。"寇准依旧云淡风轻。

"当今圣上南征北战，阅人无数，在看人上也是独具慧眼，更青睐年长稳重之人，对于年轻的读书人并不敢轻易任用。既然你已历经辛苦走到这里，就当好好珍惜机会，如果圣上问起你的年龄，不妨多说几岁，或许可得个更加显赫的官职。"

面对这位前辈的好心劝告，寇准甚至并没有过多考虑，这个天赋异禀而又充满傲气的年轻人，以他人难以企及的自信，在官职和本性间迅速做出了自己的选择，说出了一句足被历史铭记、被后人津津乐道的话。

"准方进取，可欺君邪？"——寇准刚志有所为，怎能欺君呢？这句话被《宋史·寇准传》所记载，作为证明寇准为人刚正的证据流传至今。细细品读，一个十九岁的年轻人不假思索地说出的这句话，更多地显示了舍我其谁的自信——不管皇帝有着怎样的喜好，他都是大宋真正需要的人才。

寇准来到殿上，见到旁边已有许多进士恭敬地立于殿内，和自己不同的是，这些人确实比自己年长了不少。寇准拜见皇帝，太宗见到这科进士中竟有如此一位青年才俊，脸庞上稚气未脱，顿时觉得新鲜又充满期待，问道："殿下所立何人？"

面对天子，寇准依然不卑不亢："华州寇准，拜见陛下！"

太宗心中暗暗叫好，之前已经听官员报过此人，说是一方神童,今日得见,果然气度非凡。只是看着他着实年轻,便接着问道:"不知寇进士年方几许?及冠否?"

寇准想到了之前考官叮嘱自己的事情,太宗并不看好年轻的官员,但是他依然如实回答太宗:"禀陛下,寇准年方十九,未曾及冠。"

太宗心中一震:真乃神童也!再看寇准身边的这些饱学之士,虽为同科进士,这些人稳重有余,但比寇准却少了太多灵气。太宗对寇准的喜欢又多了几分,寇准这样年少有为的举子实在是太难得了,几经历练,日后必可为国之栋梁。太宗心中虽这样想,但还是要摆出皇帝的架子,他不再对寇准发问,略带威严地对一众进士说道:"今日大宋杰出之才齐聚于此,真乃朕之大幸,国之大幸!"

事实证明,这一年与寇准同榜中第的学子们,确实有很多成了大宋的肱股之臣,诸如李沆、向敏中、王旦、张咏,他们将与寇准共同为大宋留下一笔笔千古功绩。

第四节 初仕地方

太平兴国五年(980年),十九岁的寇准在殿试上向皇帝如实禀报了自己的年龄。而皇帝虽然确实青睐稍年长的考生,但眼见寇准如此年纪便有这样的气度,自然是不会放过这样难得的才俊——年纪尚轻,稍加历练即可。就这样,在皇帝充满欣赏和认可的眼光中，寇准顺利通过殿试，成了大宋官僚体系当中的一员。那一年，太宗共取士一百二十一人。求才若渴的太宗又怎会因寇准年少而淘汰他呢？殿试后，寇准被授予大理评事，这只是一个名义上的职务，并不具体负责大理寺事务。不久，太宗决定将这颗新星外派历练，寇准被派往归州巴东任知县，任满后改任大名府成安知县。

巴东位于今湖北省，与当时作为都城的开封和寇准的故乡陕西都很遥远。对于一个带着远大抱负的青年人来讲，这个远离政治中心的地方绝对算得上偏远了。十九岁的寇准带着远大的梦想，来到了这个遥远的地方。年轻的寇准自然无法理解皇帝的苦心。在上任之后，寇准用三年的时间对这个地方有了深刻的认识——这是一个让他失望到想家的地方。对于这一感触，在寇准的五言诗《庚辰岁将命至巴东，时已秋序，霜荷索然，偶赋是章》中，有着生动的描写：

> 秉轺偶将命，抚俗烟江湄。
> 地僻接穷峡，务简稀公期。
> 秋信任无趣，野怀良自宜。
> 月白夜蝉响，池暗风荷衰。
> 溪云入破牖，山菊开疏篱。
> 贳酒不能醉，乡园空结悲。
> 徘徊独凝望，目极长天涯。

或许一个十九岁的少年,本来想着意气风发地奔向自己的梦想,却不承想面对的局面与自己的设想完全不同,虽然受到天子召见,任一方百姓父母官,但却只能终日忙碌于与治国平天下毫无关系的繁杂事务当中……这种落差比当年母亲砸在他身上的秤砣还要让他难受百倍——寇准整日面对的到底是怎样的工作呢?作为地方行政长官,知县的职权其实相当广泛,但也正是因为广泛,显得十分繁杂。具体包括实户口、征赋税、均差役、修水利、劝农桑、除盗贼、办学校、安流亡、赈贫民、决狱讼等各种民事工作。此外,还要兼领兵政,维护治安。用一句话来概括,那就是:责重而权轻。虽然这份工作对协调中央与地方关系、稳定地方统治秩序等方面有着十分重要的意义,而且对一个刚刚步入官场的学子来说是最全面的历练机会,但在年轻气盛又自信桀骜的寇准看来,这个职务让他看不到希望,他一直自认经天纬地之才,处理这些政务在他看来无异于牛刀杀鸡。

面对着理想与现实的巨大差异,少年寇准将他的诗才都用来发牢骚了,比如他在《感兴》中写道:

> 忆昔金门初射策,一日声华喧九陌。
> 少年得意出风尘,自为青云无所隔。
> 主上抡才登桂堂,神京进秩奔殊方。
> 墨绶铜章竟何用,巴云瘴雨徒荒凉。
> 有时扼腕生忧端,儒书读尽犹饥寒。
> 丈夫意气到如此,搔首空歌行路难。

文人的灵感，通常在人生际遇不顺利的时候才能更好地迸发，而且当作者情绪不好的时候，往往能写出更感人的作品，因为读者通常会对悲伤的情绪产生怜悯和共情。巴东偏僻、枯燥、孤寂的环境充分地激发了寇准的灵感，"寇巴东"的诗名留在了历史上，寇准在此创作的许多充满幽怨的诗也流传了下来，供今人阅读联想。

作为一个有志青年，寇准除了发牢骚，在巴东任上也是做了实事的。可能是因为寇准也逐渐意识到，要成为一个成功的政治家，是不可能一蹴而就的，自己也需要官场上的锻炼和经历上的铺垫，治理好巴东这个地方，或许就可以为自己的仕途做很好的铺垫。

巴东地形崎岖，人迹罕至，再加上土地贫瘠，当地百姓的日子过得很苦。寇准到任之后，当然要想办法解决这个问题。为了使当地百姓过上好日子，寇准能够做的就是因地制宜地改善和发展当地农业，史载寇准"觇其土之所宜，导之树蓄，择地建劝农亭，躬为督率"——通过考察，根据土壤性质，带领农民或是种树或是农耕。建立劝农亭，亲自带领乡亲们耕种。经过寇准的一系列的举措，巴东地区的农业生产能力得到了提高，百姓的生活得到了改观，最显著的标志是当地的税收工作逐渐变得顺利。据《宋史·寇准传》记载，"每期会赋役，未尝辄出符移，唯具乡里姓名揭县门，百姓莫敢后期。"税收服役，本是百姓排斥的事情，经过寇准的治理，这里的百姓主动按期缴税服役，至少说明老百姓确实富起来了，而且也很有力地说明了百姓们对寇准这个父母官的认可。

寇准在巴东做满一个任期的知县后，于太平兴国八年（983年）又被调到成安做了知县，与巴东不同，寇准在这里碰到了他的人生机遇，也留下了更多的传说。成安县，在今天的邯郸境内，这里到现在仍流传着寇准任知县时体察民情、治理漳河、防治蝗灾的一些故事，寇准在这里也留下了一些诗篇，但真正让他在这里的足迹变得清晰的，却是另外一件大事。

这还要从当时另一个少数民族政权——党项说起。党项是当时中国西北的一个少数民族，从宋朝建立初，党项就一直向宋朝的皇帝称臣，这种状况持续了二十多年后，却发生了变化。太平兴国七年（982年），党项族首领李继捧由于无力处理族内的矛盾，主动放弃自治，亲自率领族人到开封朝见宋太宗，献上了党项人世代居住的夏、银、绥、宥、静五州之地和人民，向大宋寻求庇护。太宗在开封给李继捧赏赐了宅邸，还下令要党项的贵族全部内迁，将党项人控制的土地交给朝廷派去的官员直接管理。面对富庶的中原地区和安定的生活，大部分的党项贵族都同意了太宗的要求，甚至与李继捧不合的党项贵族也来到了开封，做了大宋子民。但李继捧的族弟李继迁却并不希望失去一个部族的自由，便组织了一群族人，偷偷跑到城外，开始与大宋对抗。这支反抗力量在李继迁的带领下不断壮大，并最终成为困扰大宋上百年的心腹大患。

雍熙二年（985年）初，李继迁带领党项人向大宋边境发动了一系列进攻。虽然经历了短暂挫折，但李继迁这种游击战似的打法还是渐渐奏效，连续的侵扰让宋太宗头痛不已，这位狡猾的少数民族首领甚至还向太宗上疏诈降，一度攻占了银州城，焚毁了会州城。五月，太宗大怒，于是调兵遣将，向西北边境派兵讨伐李继迁。为了能够打赢这场战争，宋朝开始从周边地区向前线调集粮草等战略物资。

而正是这个时候，寇准受命押运军粮赶赴西北前线。对于一个手无缚鸡之力的文官来讲，这绝对是个苦差事，但比起千篇一律的知县日常，寇准还是更喜欢这种有挑战性的工作。寇准第一次这样接近战争，第一次以这种方式参与到大宋的高级政事当中来，他从小在书中学到的智慧终于有了更广的用武之地。

运粮一事，在他人看来再艰苦不过。党项人本就是游牧民族，狡诈凶狠之名远播，面对这些难缠的敌人，久经沙场的武将都避之不及，况且粮草大事是一支军队的命脉，运粮队伍经常是敌人重点袭击的目标。大多数宋人已经在近三十年相对和平的环境下渐渐淡忘了战争的残酷，百姓子弟不愿上战场，生活安逸的官吏们又有几个愿意担这份苦差事？寇准却对此颇为向往，虽然并未习武，但寇准并不惧怕战争。在寇准心中，作为中原正统的大宋臣子，怎能惧怕边族？于是，寇准在战场与后方间不辞劳苦地奔波往返，以超人的智慧与狡猾的敌人周旋，保障了前方军队的粮食供应。而且机灵的寇准还不忘在途中尽可能地收集各种有用的信息——党项人的各种战法，甚至他们的习俗。他将一路自己的所见所闻与学到的知识不断在脑海中模拟着，期待着自己能有机会替朝廷平定边患。回到开封之后，寇准兴奋地将这些整理出来，以最快的速度上疏宋太宗，完成了他人生中最重要的自我推荐，将他自己准确无误地投送到了宋太宗的视野当中。收到报告之后宋太宗大喜过望，这报告中不仅有着之前未有的敌方情报，流畅工整的行文中还饱含了一位爱国青年对报效家国的殷殷期待。他更加笃定寇准就是他一直苦苦寻觅的治国人才，既有文人的理性，又有武人的勇气，不但能够写出漂亮的文章，还能将书本上的道理用到实践当中来。于是宋太宗亲自召见了寇准。

在做了几年地方官之后，寇准终于来到了大宋政治的中心地带，在与寇准亲切交谈之后，太宗亲自出题，又为寇准准备了一场"个人殿试"，来看看这个被他看重的青年才俊这些年积攒下了些什么东西。

"寇准，这篇奏疏可是你所写？"太宗拿着寇准的奏疏，看着朝堂之上的年轻人，难以想象手中充满杀伐之气的文章竟然出自眼前这个满身书卷气的文官之手。

"回陛下，是臣所写。"寇准眉宇间透露着与年龄不符的沉稳。与几年前的殿试不同，这个时候的寇准心中装着的不仅仅是自己的功名志向了，他做过了父母官，也见识过战场，心里已经有了大宋百姓安居乐业以及大宋和平稳定之理想。

"你可知，你的这篇奏疏漏洞百出？"太宗虽然这样说，语气里却听不出不悦的情绪。看到这篇奏疏之时，太宗就被深深折服了，因为自己武人出身，经历过大大小小的战争，他深知这短短奏疏背后，作者要经历怎样的观察和思考，更难能可贵的是，寇准对双方之间的实力和现状分析得鞭辟入里，对战争形势的分析见解也很独到。能写出这样的奏疏，证明此人再经历练，将来可为出将入相的大才。

"微臣知道，此奏疏所写不过是微臣拙见而已，陛下雄才伟略，陛下之远见卓识，微臣难及万分之一二，微臣所写自是漏洞百出。"面对皇帝的诘问，寇准依然和当初殿试时一样镇静自若。

"既然如此，不怕朕怪罪你吗？"太宗故作怒状。

"不怕。臣知道，陛下为党项之事终日难以安眠，更知道边关百姓也因战乱流离失所。我大宋早晚要解决掉这一心头大患，臣自知愚钝，但作为大宋臣子，定然要知无不言，言无不尽，为平定战乱略尽绵力，为陛下分忧。即使因此吃罪于陛下，也为臣之本分。"

是啊，大宋早晚要处理掉这一心头大患。太宗自与太祖打天下开始，便立志要荡平一切阻碍，实现天下一统，但多年征战，太宗自己有时都觉得力不从心，如今朝堂之上，众臣对如何处理李继迁等人更是众说纷纭，不少大臣甚至已经惧怕与之开战，一些危言耸听的说法甚嚣尘上，闹得人心惶惶。太宗没想到，这个时候，竟然能在这个年轻人身上看到这样的决心与智慧。太宗当即决定重用这个才华横溢的年轻人，他授意寇准提前结束成安知县任期，任命他去做郓州的通判。郓州在今天的山东东平，通判是知州的副职。这是寇准职业生涯的第一次晋升。可以想象，此时的寇准，终于又找回了少年时期的自信。曾经，他被奉为神童，被周边之人众星捧月，如今，他终于得到皇帝的青睐……

所以寇准在自己的诗作中，始终都对太宗有着由衷的感激，这种感激不一定是客气,作为一个以顶撞太宗、挑战皇权而赢得信赖的重臣,这种感激应该是发自内心的一种庆幸和感恩。但接下来的事情更出乎寇准的意料了。

还没等寇准赴任,宋太宗就改变了主意。赴任前,寇准需要接受皇帝的召见。于是雍熙二年(985年)夏天,寇准再次见到了太宗,他的仕途轨迹也因此再次发生了变化。不知是出于怎样的政治考量,太宗将寇准留在了开封。

在地方从政的几年时间里,寇准的政绩虽并不突出,但实实在在造福了一方百姓。这并不能说明寇准的水平不足,因为在和平的环境下,为一方百姓谋得安居乐业的政绩并不会显得多么突出。反而是寇准仅用几年时间,就完成了从外出历练到回到权力中心这件事,已经不能只用幸运来解释了。这种历史对个体的选择,必然是由于个体某方面具有突出特质。而历史又证明,寇准的才能正是大宋和皇帝需要的。

第二章 孤勇之臣

第一节 青云直上

在赵氏兄弟征战于整个中原大地,建立大宋的时候,中国北方的一个发展了数百年的少数民族部落一步步壮大,并建立了一个强大的国家。契丹民族一直以部落的形式活跃、发展,唐初发展成为部落联盟,由八部构成,各部落间会在一起召开会议,共商大事。这个骁勇善战的游牧民族对唐、高句丽、西域各国等多个国家和政权都曾有侵袭,其事迹被零散地记录在各国的历史中。唐天祐四年(907年),耶律阿保机(辽太祖)成为契丹可汗,并于后梁贞明二年(916年)建立国家,国号"契丹",年号"神册",后定都上京临潢府。当时,中原各政权更迭频繁,耶律阿保机也觊觎中原,意欲南侵。他于契丹天赞四年(925年)东征渤海国,却于次年攻灭渤海国后,在回师途中病逝。皇次子耶律德光（辽太宗）在述律皇后的支持下即位，统一了契丹。契丹天显九年（934年）四月，后唐均王李从珂废弑其主李从厚，自立为帝，耶律德光的长兄耶律倍上书耶律德光，请求讨伐后唐末帝李从珂。八月，耶律德光亲自率军南伐。天显十一年（936年），后唐河东节度使石敬瑭以称子、割让燕云十六州为条件，乞求耶律德光出兵助其推翻后唐。耶律德光再次亲率五万骑兵在晋阳城下击败后唐军。十一月，耶律德光册封石敬瑭为"大晋皇帝"，作为代价，燕云十六州被契丹占有。后晋开运四年（947年），耶律德光率军南下中原，攻占汴京，晋出帝被迫投降，后晋灭亡，耶律德光于汴京登基称帝，改国号"大辽"，改年号为"大同"。辽太宗耶律德光本想长期统治中原地区，却因纵兵掠夺百姓财物激起中原人民强烈反抗。不久，原后晋河东节度使刘知远自立为帝，国号"汉"，百姓纷纷响应刘知远号召，反抗辽军，耶律德光被迫率兵北归，病逝于栾城。由于没有成型的皇位继承制度，辽在建国后一直深受皇位继承问题的困扰，每当皇帝驾崩，都要经历惨烈的权力争夺才能稳固政权，辽世宗、辽穆宗期间，辽国政局动荡不安，被迫停止了南进中原的政策。

辽应历九年（959年，后周显德六年）后周发动北伐，甚至一度有机会收复燕云十六州，最后因周世宗重病而南返，自此辽军加强防御，不敢南下，双方维持了边境现状。辽穆宗喜好杀戮，荒废朝政，在应历十九年（969年，北宋开宝二年）二月被侍人所弑。耶律贤被推举为帝，即辽景宗，改元为"保宁"，辽也在此后进入了全盛时期。辽景宗继位后，采取不主动南伐中原、仅援北汉的政策。虽然这一政策看起来并不具有侵略性，但辽想要入主中原的企图一直没变，这势必与宋一统天下的目标发生冲突。辽宋两国之间暂时的相安无事，只是战争前的酝酿与准备。

太平兴国四年（979年），宋太宗剿灭北汉后，开始北伐辽国。战争初期，宋军推进得一度十分顺利，辽军接连败退，直到幽州守将韩德让与耶律休哥、耶律斜轸等辽国将领在高梁河大败宋军，宣告太宗第一次北伐失败。雍熙元年（984年），北宋又想趁着辽国内部政权更替的时机收复幽蓟之地，于雍熙三年（986年），兵分三路出击辽国，仍以惨败告终。此后，太宗乃至整个大宋对辽以及其他少数民族政权的策略发生了根本的变化，太宗不再热衷于收复失地，也被迫接受了大宋与少数民族政权并立的局面，这种转变之下，他开始寻求新的制夷方略。到淳化四年（993年），太宗已经能够平静地反思自己两次北伐的行为了，他曾对侍臣说："朕自即位以来，用师讨伐，盖救民于涂炭，若好张皇夸耀，穷极威武，则天下之民几乎磨灭矣。"

太宗虽然对自己的两次北伐做出了检讨，但是他收复失地的雄心从未真正磨灭，他一直没有放弃寻找打破僵局的办法，一直在寻找能助他完成千秋功业的人才。

如果说当了八年地方官的寇准对仕途的初印象是失望和不甘，那从端拱元年（988年）开始，在开封任职的寇准逐渐感受到了为官的荣耀。而这一年，寇准仅仅二十七岁。从这一年开始，寇准用别人难以企及的速度，开始直接冲向权力的顶峰。

前文提到，一开始太宗决定给寇准的官职是郓州通判，这个官职是皇帝外派去监督知州的，相比之前治理地方的知县，这个官职明显与皇帝有了更多的交集。戏剧性的事情发生了，史书上并没有记载寇准在这一职位上的任何活动，因此人们认为，寇准并没有顺利赴任郓州通判。按照当时的规定，赴任者在出发前要与皇帝再次见面。就这短短的一面，直接让太宗皇帝改变了想法，把他留在了身边，寇准从外派的地方官直接变成了京官。这短短的一面发生了什么，我们已经无法得知，或许是寇准再次献上了什么真知灼见，或许是太宗见到充满活力的寇准，想将他留在朝中当一股"不同的声音"。总之，这次太宗赐寇准"绯袍银鱼"，封寇准为右正言、直史馆，充三司度支推官。

宋代官服品秩的高低主要靠官服的颜色来区分，宋初三品以上服紫色，五品以上服绯色，七品以上服绿色，九品以上服青色。除此之外，还会以官员佩戴的鱼袋来体现官职的高低，即用金、银、铜制成的鱼形，挂在公服的革带间，垂于身后。太宗赐予寇准的就是佩银饰的鱼袋和绯色的官服。而此时寇准的官职名，看起来颇为复杂，但其实划定了寇准的职责范围。右正言是台谏官的官职名，划定了寇准向皇帝提出谏言的职责，这说明寇准此时先是一名谏官，寇准一生也以此为官场根基。直史馆则是史官的名称，划定了寇准参与编撰正史、日历的职责。宋代空前注重历史的修撰，陈寅恪先生认为宋代对历史的重视超过了以往任何一个历史时期，曾经这样评价宋代的史学成就——"中国史学莫盛于宋"。最后的三司度支推官便是寇准日常的工作职责，三司主要负责财政和统计方面的工作。单从这种复杂的官职名称,便可看出当时的文官大多数都是"复合型"的官员,在任用上也都是集多种职能于一身,可谓人尽其才。

寇准可能还没完全熟悉三司度支推官的工作流程,抑或是聪明的寇准很快适应了这个角色并再次有了突出的表现,太宗又改变了对他的任用,改任其为盐铁判官,寇准的职责从行政跨越到了司法。即使是这样,太宗可能还是觉得难以表达对寇准的赏识,第二年,寇准便又被提拔了。端拱二年(989年)的春天,寇准用一首《奉圣旨赋牡丹花》表达了他这种"向阳花木"的优厚待遇和难以掩饰的喜悦心情。

> 栽培终得近天家,独有芳名出众花。
> 香递暖风飘御座,叶笼轻霭衬明霞。
> 纵吟宜把红笺裛,留赏惟张翠幄遮。
> 深觉侍臣千载幸,许随仙仗看秾华。

可见寇准自己也明白,此时的自己在一众同僚中,犹如鲜艳的牡丹花立于其中,自己的才华与抱负,在太宗的呵护下终于有机会得以全面施展。太宗对待寇准与一般的臣子不同,更像是遇到了知己。这从寇准接下来的一次升迁经历中得到了充分的体现。

这次升迁的理由很简单,还是因为寇准上了一封陈述利害的奏疏,他对北方战事的想法和太宗不谋而合。《续资治通鉴长编》记载:"寇准承诏极言北边利害,上器之。"正是这篇已经无法考证具体内容的奏疏,让寇准得到了太宗的认同。端拱二年

（989年），宋太宗曾经下诏寻求备边御戎之策，而大臣们的观点也都渐渐转向加强边备、通好息兵。慢慢地，在大宋的统治阶级中出现了一种新的观点，他们认为不应该将难以彻底征服的少数民族置于王朝的统治之下，后来苏轼的《王者不治夷狄论》就很好地表述了这个观点，但是这种观点明显是与两次出兵北伐、势要收复燕云的太宗的想法相悖的。

而寇准的这篇奏疏正写于此时，正处在太宗积极寻找新策略的时期。虽然具体的内容已经不得而知，但可以肯定的是这篇奏疏一定迎合了太宗的想法，进一步提出了切实可行的防备措施。这些方法能够让曾经一度主张强势对待少数民族政权的太宗既不会因自己的军事失败而折损颜面，又能显示出其王者气度，以相对缓和的方法对待边疆大事。太宗像是得到了知己一般，急不可耐地在这年七月将寇准调职到中枢。为了能够让寇准更好地发挥才能，太宗可谓煞费苦心。

"朕欲提拔寇准，当授何官？"太宗对寇准的欣赏毫不掩饰，被问到这个问题的宰相一时之间不知如何回答。

"臣以为，可做开封府推官。"此时为相的正是赵普和吕蒙正，没想到，此话一出，太宗竟不满意。

"这个官职能发挥寇准的才能吗？"问完这个问题，太宗居然沉默良久。

"不若封为虞部郎中、枢密直学士，判吏部东铨？"宰相的小心翼翼可以想象。

"那就暂且这样定下。"太宗的脸上露出了满意的笑容。

这样一来，寇准直接做了随侍皇帝、执掌枢密军政文书的秘书顾问。这个八岁时就自比华山的有志青年，正向着"只有天在上"的目标大踏步前行。之前的寇准只不过是县级的地方小官，并未立下什么像样的大功，如今却青云直上。虞部郎中是工部的高级官员，地位仅次于工部尚书、侍郎，但在宋代初期，工部尚书和诸司郎官并不实际掌管本司事务，寇准的主要职责是判吏部东铨，也就是负责人才选拔的工作。

宋代的枢密院是军事管理部门，大宋作为一个通过军事政变建立起来的王朝，统治者对军队的管理权分配问题非常敏感，除了重文抑武的基本策略，管理机构的设置也经过精心的考量。枢密院这个机构是由唐代宗设置的，设置之初是个纯粹的文职机构，主要接受大臣和地方上的奏书，传达皇帝的命令。到了北宋时期，宋太祖将枢密院设置为中央机构，作为最高军事机构，与中书合称"二府"。枢密院下设十二房，分别掌管全国各路兵权以及其他军事事务。这样的一个手握重权的机构，办事人员仅为几十个文臣而已。这种管理方式当然是为了削弱将领的军权，防止再次发生拥兵自重的将领威胁政权的事件。寇准所任的枢密直学士与观文殿学士并重，是需随侍皇帝以备质询，并执掌枢密军政文书的枢密院官职。

太宗对寇准的提拔，虽然显得有些任性，但却并不是个案，与寇准同年中进士的李沆，由于深得太宗赏识，被提拔的速度也令人难以置信，在地方任职三年就被召到中央。同样是太平兴国五年（980年）中进士的王旦也是如此，得太宗赏识后仕途也十分平顺。

实际上，因为太宗识才爱才，与寇准同榜的进士们在仕途上有建树者颇多，更让这一榜进士被后世称为"龙虎榜"。但与其他人不同的是，寇准要年轻太多，在同榜中，又是第一个进入到宰府的，所以太宗在任用寇准的问题上显得更大胆些。

第二节　叱咤开封

大宋的开封，到底是一座怎样的城市？

开封是大宋的都城，隋朝开通了大运河，其中的通济渠（汴河）途经开封，便利的交通使得各种物资能够快捷地从各地运往开封，经过几代的发展，这里的经济已经十分发达。五代以来，开封先后成为后梁、后晋、后汉、后周四个政权的首府。经过历代的悉心经营，至宋时，开封人口已达百万，实际上已成为全国第一大城市。在开封府任职的官员也是前途不可限量的——太宗自己就担任过开封府尹，太宗的弟弟齐王赵廷美、太宗的两个儿子许王赵元僖和寿王赵元侃也担任过开封府尹。可以这样认为：治理开封府是治理国家之前的必修课程。因此，开封府尹一职非同小可。由于开封府尹权力过大，朝廷还特意设置了通判来制约其权力，通判之下就是判官和推官了。可见推官一职在开封府算得上屈指可数的重要职位了，可就是这样一个重要的职位，太宗依然认为它配不上寇准。太宗实际交给寇准的职责，是掌管整个大宋官员选拔任用的要职。

这段时间是寇准第一次来到权力巅峰,也是寇准第一次体会到在天子左右是怎样的感觉。在掌管吏部事务后,寇准向刑部、大理寺、三司推荐了大量人才。淳化元年(990年),寇准推荐钱若水、王扶、程肃、陈充、钱熙,五人为文学高第,招试翰林,其中钱若水被擢为秘书丞、直史馆,太宗赐其绯衣银鱼,后来官至户部尚书,王扶则官至工部员外郎,陈充也成为一方大员,出知明州,权西京留守。

端拱二年(989年),寇准的母亲去世,太宗对寇准的偏爱和倚重再次显现出来。寇准父亲早逝,他是被母亲带大的,母亲对他的重要性不言而喻。按照惯例,寇准须回家为母守孝三年,这种制度称为"丁忧",是一种古有的制度,但这远离中枢的三年,势必会对寇准的仕途造成一定的影响。在那个人才辈出的时代,一旦远离政治中心,他可能很快就被其他人代替,也可能被之前得罪的人构害。太宗也舍不得刚步入仕途正轨的寇准就此离去,于是他下诏"夺情"——以国家离不开寇准为由,不让他丁忧,寇准的仕途才没有因此停滞。虽然这种情况不符合孝道,但实际上古代很多官员都不愿意因为丁忧而放弃手中的权力,因躲避丁忧而被弹劾的官员也不在少数,比如明代张居正,就因此罪名被弹劾过。而能得到皇帝"夺情"的大臣也并不多,一般都是皇帝真的离不开的权臣,年纪轻轻的寇准能够得到这个待遇实属罕见。

淳化二年(991年),寇准被任命为左谏议大夫,充枢密副使，同知枢密院事，寇准的仕途到达了又一个高度。在开封这个繁华的城市中，他成为炙手可热的政治新星。年纪轻轻便有如此作为，风度翩翩的寇准此时自然也成了优秀的女婿人选。寇准一生有两任妻子，这两位妻子的家世都相当不错。寇准的第一任妻子是许仲宣之女许氏。据《宋史》卷二百七十《许仲宣传》记载，许仲宣是青州人，于后汉乾祐年间"登进士第，时年十八"，乃是后周旧臣。入宋以后备受太祖赏识，曾随太祖出征，功劳卓著，后被授予太子中允，受诏知北海军，又做过刑部郎中、兵部郎中、转运使、吏部郎中、左谏议大夫、给事中等重要官职。许氏之后，寇准续娶的妻子是宋氏，乃是宋初名臣宋偓之女。寇准第二任妻子的家族更加显赫，是大名鼎鼎的广平宋氏，这个家族从五代十国时期起就与皇室联姻，宋偓更是娶了后汉永宁公主。宋偓有十五个女儿，长女被宋太祖纳为皇后，即孝章皇后，其余的女儿分别嫁给了诸位大宋开国功臣之子和当时朝廷中显赫的人物。这也能说明，在当时的开封，身无寸功但又深受皇帝器重的寇准也被显赫的大家族所认可。但有一点值得我们深思：不论后来怎样在宦海沉浮，寇准始终没有借勤过妻子家族的势力。

从地方小官，到政坛新星，寇准仅用了很短的时间，短到连他自己都觉得骄傲，而这个过程在别人看来，多是觉得不可思议，除了一个人——宋太宗。此时已过天命之年的宋太宗已经疲于应付繁忙的朝政，他迫切需要培养更多的人才来帮他建设大宋，尤其是像寇准这样的后起之秀。宋太宗很相信自己的眼光，寇准是他看好的人才中的佼佼者，他认为这个年轻人有着与自己非常接近的智慧，是治世之才；以其才识，寇准甚至不需要继续在底层那些琐碎的事情中锻炼，权力的顶端才是适合这个年轻人的试练场；寇准应该直接为自己所用，在朝堂上直接创造价值。于是他替寇准开辟了一条捷径，并坚定地相信寇准会在他为其铺就的成长之路上如他期待那般成长。

此时的寇准身居要职，已经荣耀至极，但他从不曾利用职位之便结党营私。寇准推荐人才都是因为他们确实才华、能力出众，即便他们到了更高的职位上，寇准也并没有与他们结成特别的联盟。他毫无私心地向朝廷推荐人才，却从不期待从他们身上获取回报；他与世家大族联姻，却从不期待以此换取政治资本；他可以心怀坦荡地与志同道合的友人相交，不管此人是否被帝王所认同、青睐；他恣意轻视不合己意的前辈同僚，不管这人是否有丰富的官场经验，或者这人有多庞大的身后背景。

寇准与人交往的原则一直是跟从自己的内心，而不是跟从自己的需要。能成为与寇准相交甚笃之人，必定在某方面有着特别的过人之处，寇准这种俯视的眼光也势必造成他身边不会有平凡之辈，久而久之，能够经过他严格筛选，一直留在他身边的人自然越来越少。在大多数人都忙着为自己编织一张牢固的关系网的时候，寇准依然故我，与入仕前并无二致，这份坚持让寇准有底气一直坚持原则：只做自己认为正确的事，不必顾及那么多的人情世故。而寇准也固执地认为，自己要做的事，并不需要与别人同行，甚至并不需要他人的附和与认可。由此可见，在大宋官场上独行的寇准,对自己的"孤"是甘之如饴的,或许正因特立独行,他才能在官场之上勇往直前,只遵从内心。

在太宗身边,寇准的仕途实在太过平顺,这导致寇准的个性得到了全方位的保护,以至于他在遇到官场危机的时候,其个性也很难转变了。寇准也很清楚自己的性格是有缺陷的,他不但没有想过改变,反而有种深以为荣的态度,他曾不止一次写诗评价自己的性格:"孤立敢言逾素分。""赴义忘白刃,奋节凌秋霜。"在这种自我欣赏又自我坚持的态度下,有时连太宗都拿他没办法。甚至流传这样一则记载:"奏事忤上旨,上拂衣起,欲入禁中,准手引上衣,令上复坐,决其事然后退。上由是嘉之。"寇准向皇帝谏言,君臣二人的交谈过程并不愉快,甚至到了太宗被气得转身要离开的程度。换作别人,一定会先向皇帝认错,等皇帝冷静下来再说。但寇准做出了令人难以置信的行为——他拉住了太宗的衣服,不让太宗离开,一定要让太宗再次坐下,听完自己的谏言,当面做出决定之后再走。一番交锋之后,竟然是太宗先做出了妥协,不但真的听完了寇准的话,还将寇准比作魏徵。这种君对臣的包容,臣对君的"放肆",放在中国的整个封建时代,也堪称奇观。

当时流传"寇准上殿,百僚股栗"一说,即使初出茅庐,即使已经得罪了许多同僚,作为谏官的寇准仍对此不以为意。他用了一种不同于大多数人的方式,践行着别人没走过的"君臣之道",他拥有权力却不贪恋权力,只为了积蓄更多力量,为君主分忧,为百姓造福,为大宋打造更繁荣的图景。

站在太宗的角度上，寇准的这种孤勇是值得偏爱的。太宗本身就是一位文武双全的皇帝，他希望可以比肩唐太宗。其实两人也确实有很多相似的地方，虽然都是所在朝代的第二位皇帝，却也是当朝无可争议的缔造者之一，不论是对国家版图的期待，还是对治理国家的政治抱负，宋太宗的追求都是赶上盛唐、超越唐太宗，他也一直在向着这个目标前进。在得到寇准之后，太宗欣喜地得出了这样的结论——"朕得寇准，犹唐文皇之得魏郑公也。"正如宋太宗与唐太宗有明显的不同一样，寇准在后世的眼中与魏徵也有诸多差距，寇准有着更明显的性格缺陷。但仍然可以看出，宋太宗在寇准身上寄予的希望已经上升到了实现自身毕生政治理想的高度。

在太宗的赏识之下，寇准的青年时代过得相当精彩，用寇准自己的诗句概括就是"十九中高第，弱冠司国章"，而在同僚和后世的眼中，这也是造成他性格缺陷的重要原因——寇准因少年富贵，而性豪侈……即使他入朝为官后，依然好刚使气、任性行事，也能安然无恙。在太宗眼中，这些都是可以包容的，这个他一手培养起来的年轻的治国之才，给他带来了无限的希望。

至道元年（995年）四月，太宗率文武百官一起来到金明池边接受百姓朝拜，精彩的水军演练后，按照惯例，太宗又兴致勃勃地带领群臣一起踏青、饮酒、赋诗。众人兴致高涨时，一群宫女端着鲜花款款上前，请皇帝和大臣们簪花。太宗甚至亲自挑选了一朵花赐予寇准，并发出了由衷的感叹："寇准年少，正是戴花饮酒时！"

第三节 犯颜直谏

是否善于纳谏,往往是衡量一位帝王是否贤明的重要标准。

很多皇帝都明白纳谏的重要,也都在纳谏上做过不同形式的文章。唐太宗就是一个把"善于纳谏"这篇文章做到极致的皇帝。

宋太宗经常自比唐太宗,他曾这样说过:"朕御天下,兢兢业业,行将十年,每念封疆万里,深居九重,人情未能尽达,若全不采听,则官吏能否,生民利病,何从而知。"作为皇帝,太宗认为自己兢兢业业治理天下,但天下之大,他不可能了解所有的人间疾苦,如果不纳谏,那就不能真正了解官员是否称职,百姓是否乐业。他还恳切地对臣下说:"设有阙政,宜悉心言之。朕每行一事未当,久之寻绎,惟自咎责耳,固不以居尊自恃,使人不敢言也。"这是太宗对臣子们进谏的要求,如果确实发现了为政的弊端,要如实上报。

淳化元年(990年),大宋朝廷接连查处了两起官员受贿案,案情性质类似,处置结果却大相径庭。其中一人名叫王淮,官至定远主簿。王淮在任上贪赃枉法,受贿达到千万以上,但仅被撤职杖责,旋即官复原职。这一年,同样性质的案件还有当朝监察御史祖吉所犯案件,此人涉案金额远远小于王淮,却被处以死刑,财产全部被罚没。究其根源,王淮乃是当时参知政事王沔的弟弟,同样的案件,处理结果却大相径庭,其背后肯定与王沔脱不了干系。

朝野内外对此议论纷纷，大臣们都知道对王淮的处理结果并不公正，但又忌惮王沔的权势，并无人敢向太宗提起，寇准却将此事记在了心中。第二年，也就是淳化二年（991年）春，大宋发生了自然灾害，北方闹旱灾、蝗灾，一时间各地大乱，民不聊生。用今天的眼光来看，我们知道这种自然事件，既不少见，也很难避免。但在那个农业生产关系到国家根基，人类又鲜有办法改造自然的时代，面对突如其来的天灾时，多会将之与鬼神相联系。而且如果处理不得当，极易产生民变，危害到国家的统治。

面对这场天灾和难以抑制的民怨，宋太宗召集群臣，商讨赈灾事宜。当然除了商量如何拨款、如何开仓放粮、怎样预防大规模百姓暴动之外，也会想办法给这场灾害的发生找一个完美的解释，好让百姓们知道，这场灾祸的由来是什么。这个时候，作为谏臣的寇准发声了："这场天灾，实为人祸！"如此惊世骇俗的言论一出，太宗与群臣都感到疑惑，但冷静下来，太宗又觉得寇准意有所指，只得顺着他的话问下去。

"寇爱卿此话何意？"短暂的惊讶过后，宋太宗有些警觉地问寇准。

"此次天降灾难，正是司法不公、用刑不当造成的。"寇准严肃地答道。

此时，太宗已经听出了寇准的弦外之音，他又要借此机会奏上一本了。虽然已经有了几分怒意，但鉴于寇准扯着衣服也会逼着自己听完的顽固性格，太宗只得将话题继续下去，让他把事情说清楚。

此时，寇准又卖起了关子，说："请陛下将二府大臣都叫来，微臣好当面解释。"

太宗同意寇准所奏。当着二府官员的面，寇准将祖吉、王淮这两个官员的案件的来龙去脉全部讲了出来。"两人案件性质完全相同，且贪赃数额相差甚多。结果，数额较少的祖吉伏法，后被抄家；而贪赃数额较大的王淮却只在家中被打了二十板子，如今依然在朝为官。如果不是因为这两起案件的刑罚不公，上天又怎会降下如此大的灾祸？"

听完寇准所言，太宗恍然大悟，第二天就召见了王沔，并狠狠地责骂了他一顿。经此一事，太宗认为王沔为人奸诈，因公废私，不宜再被重用。后太宗甚至下诏书罢王沔参知政事。接到皇帝的诏书后，王沔跪在皇帝脚边哀求，不愿离去，太宗还是毫不留情地将他赶走了。王沔被罢政当晚，恰好就下了一场大雨，太宗将此解释为上天的恩泽，上天是在肯定自己的做法，并自此更加听信寇准之言。

史书通常把这件事当作寇准直言敢谏的一个鲜活例子，理由是寇准不畏强权，敢于毫不留情地弹劾当权者，在大家都保持沉默的时候，只有他一个人站出来，冒着触怒太宗皇帝的危险揭露案情，以求正义。然而这件事的背后，却有着极其复杂的背景。寇准针对的并不单纯是这两个案件，而是要借此事改变朝廷权力的布局。当年三月，寇准向太宗上报这两个案件后，太宗并没有马上罢免王沔，过了几个月的时间，直到九月，王沔才被罢免。

与王沔一同被降职的还有另外两人——给事中、参知政事陈恕和户部官员樊知古。

之所以说寇准是要改变朝廷的权力布局，还有另外一个依据，便是太宗对王淮案件的处理结果——王淮并没有得到应有的惩罚，而寇准也没有对贪贿案件深究下去，因此案件被惩罚的只有王沔而已。王沔之后，寇准又弹劾了宋白。宋白于太平兴国五年（980年）任史馆修撰，后改集贤殿直学士，召任翰林学士，太宗曾经让他三次掌管贡举大事。寇准弹劾宋白的理由是宋白家中所用金器可能是举子贿赂他的赃物。但宋白这人与王沔实际上有着姻亲关系，王沔正是他妻子的哥哥。而就在寇准弹劾宋白的前一年中秋，寇准还同柳开、宗坦、潘阆留宿在宋白家，众人一起赏月赋诗。但寇准还是下定决心清除这一股势力。

自此，寇准在大宋朝廷上，建立了空前的威信。史书上总结，寇准做这一切是因为他性格刚直，毕竟寇准弹劾的对象可能是权贵，可能是他的朋友，如果不是秉持公心，胆量和毅力超出常人，谁又会这么做呢？但细看之下，寇准的进谏，确实是帮助太宗在朝堂上布局。寇准弹劾当权者的同时，太宗同步完成了朝堂之上的权力布局。寇准弹劾王沔的时候，吕蒙正罢相，李昉、张齐贤并相，寇准与李沆同判吏部铨。

在朝廷内完成这么大规模的权力变更，其背后还有一个更有说服力的说法——寇准助太宗整顿朝堂。也就是说，寇准参与的一系列权力布局，是为太宗服务的。

根据《续资治通鉴长编》记载，太宗当时很反感朝臣向他提出立储的建议，因为太宗不想有人借立储之事控制尚不成熟的皇子。太宗希望皇子们先学习本领，再由太宗挑选合适的臣僚辅助皇子，等到皇子们成熟后再由太宗自己选择储君。宋沆等五人曾上疏太宗，要求立许王赵元僖为太子，太宗由此震怒，甚至差点杀了宋沆。而宋沆是吕蒙正的妻族，是由吕蒙正提拔起来的，太宗因此将当时的宰相吕蒙正罢为吏部尚书。

《宋史·王沔传》中记载了此前吕蒙正与王沔在朝中的关系："吕蒙正以宽简自任，政事多决于沔。"正是在吕蒙正被罢相前，王沔被寇准弹劾。将这些事情联系起来看，王沔可能亦是受立储一事牵连而被太宗所厌弃。

而寇准作为太宗最信任的臣子，与太宗一起通过一系列行动，罢黜了一批逼迫太宗立储的臣子们，这些职位的调动，使朝廷局势更加符合太宗的预期。

虽然是纸缝里的猜测，但这样来看，寇准的行为不该被简单地归结到他的性格缺陷上，此刻的寇准，更像是太宗的助手，通过进谏的方式帮助太宗整顿朝堂。沿着这条逻辑走下去，出知青州将成为寇准官场生涯的第一次蛰伏，而非一个挫折。

第四节　被贬青州

自淳化二年（991年），寇准与温仲舒同为枢密副使、同知枢密院事后，寇准的性格似乎越发跋扈了，除了太宗以外，寇准眼中已经容不下任何"上司"了。

寇准为知枢密院事时,枢密使为王显。王显并不是进士出身,而是太宗为藩王时的旧臣,是殿前小司出身。作为太宗旧部,王显或许有过功劳,但身居要职时,他能力的不足便显现出来,工作中经常出现纰漏,不但如此,他依仗自己的出身,知错而不改。当时的枢密副使赵昌言与寇准二人的性格都颇为坦率,二人对王显都抱以轻视的态度,二人的态度甚至影响了太宗,太宗经常训斥王显,最终将其贬黜到随州做刺史。有了这样的先例,寇准似乎更不将其他人放在眼中了。

王显被罢之后,作为同知枢密院事的寇准与知院张逊的矛盾变得尖锐起来,二人在日常工作中屡次产生分歧,争论不休,二人关系的不和谐已经到了尽人皆知的程度,二人甚至多次在宋太宗面前争辩是非,太宗对此头疼不已。

在淳化四年(993年)六月的一天,寇准与温仲舒散朝后相伴回家,路上突然有一个疯癫之人冲到二人车驾前,对寇准的马头高喊"万岁",这吓得两人赶紧下马,将其赶走。这本来只是一件非常意外的突发事件,二人也并没放在心上,直到之后的某一日,有一个叫王宾的官员突然将此事添油加醋地上报给了太宗,诬告寇准有叛逆之嫌,这件事的严重程度便上升了一个层次。

王宾将此事上奏太宗后,太宗本不以为意,但是出于对王宾的尊重,他还是诘问寇准到底是怎么回事。寇准并未先做出解释,而是一口咬定王宾就是张逊的同伙,两人都是太宗晋王府的旧臣,私交甚笃,由此才会联合起来诬告自己,甚至可能连那个疯子都是二人安排陷害自己的。廷辩当中，寇准还要求温仲舒作证，证明喊"万岁"的人明明就是个疯癫之人，说自己有叛逆之嫌实在是滑稽。寇准还觉得，当时自己和温仲舒两人在场，王宾又只为难自己，这样太不公平，明显就是王宾针对自己。张逊也寸步不让，开始向皇帝一一罗列寇准平日的种种狂妄之行，两人都很激动，由此开始互相攻讦对方。史书记载二人"其辞颇厉，且互斥其短"，两位朝廷重臣、国之栋梁竟然在朝堂之上、皇帝面前似小孩般地相互揭短，实在是有失体统。这次，两人触怒了太宗，太宗同时处罚了他们两人，寇准由此被贬到青州做知州。

　　风头正盛的寇准，就这样栽了仕途上的第一个跟头。但从整个事件来看，与其说他败给了张逊，倒不如说他败给了自己的性格。太宗处罚他并不是因为他被疯子喊了"万岁"，而是因为他喋喋不休地与张逊争辩，完全不顾身为大臣的体统和脸面。太宗决定要让他好好冷静冷静，遂将他下放青州。对于一个看惯了京城繁华的年轻人来讲，或许是时候体会一下远离权力中心的落寞了。或许等到他再回来的时候，就学会遇事退一步，学会更加周全了。说到底，太宗是爱护寇准的，这次外放，更像是太宗安排的对他性格的一场磨炼。

　　作为一个格外重视文臣的朝代，大宋对不听话的文臣通常都会采取外放、贬谪的处理方式，"刑不上大夫"这一原则在这个朝代被贯彻得很彻底。但事实证明，贬谪这种惩罚很难真正改变一些特立独行的人，比如苏轼这样的贬谪"大户"，从来没有因为被贬而改变初衷。宋代的文学倒是因此衍生出了不同的流派，吃了苦头的士大夫们，通常会被激发出灵感，写诗作文，也会因此更坚定自己的信念或者观点。寇准也是这样，他并没有因为被外放而深刻地反省自己的行为，因为他也清楚地知道，自己并没有做错什么，这不过就是一次"教训"而已，太宗需要他这一事实，不会因为这次外放就消失。

所以寇准似乎并没有受到此事的影响，到了青州后，太宗曾向旁人问起寇准的境况，下人回报，寇准天天宴饮作乐，过得好不快活！或许寇准就是这样度过在青州的日子的。他还是有着那样的自信：作为太宗精心选拔、培养的难得的人才，他注定要担当大任，不会离开太久。只是夜深人静，这个年轻人想起京城的繁华，想起悉心栽培他的皇帝，也会在心底最柔软的地方感到哀伤，于是在这一期间，寇准留下了这样的诗句：

海上秋添寂寞情，万家烟树暝重城。
萧萧细雨遥天暮，独向空楼闻笛声。

而反观这次事件，最大的受害者居然是宋太宗。处理了这两人之后，太宗如失臂膀。冷静下来的太宗觉得还是离不开寇准，经常念叨起这个年轻人，主动向旁人了解他在异地他乡的状态，甚至不管寇准有没有改过，太宗已经开始思考调他回来的借口了。

另外，从太宗对二人的处置看，太宗可能仍然是为了权力布局而做出了调整。处分二人的制书十分耐人寻味，制书分别写明了二人被惩罚的原因。张逊被贬的理由是："植置朋党，交构是非，贝锦之词聿彰于萋菲，挈瓶之智已极于满盈"；而寇准被外放的理由是："虽颇彰于勤瘁，而自掇于悔尤，交构是非，烦黩公上……"从这两段评价可以看出，太宗对寇准是足够肯定的，认为他工作上兢兢业业，唯一的问题在于他不知悔改，制造事端，并藐视皇权。但对这件事情的另一主人公张逊，却给予了全方位的批判，认为张逊结党，这当然指的就是王宾，还认为他无故挑起事端，这就说明太宗认为整件事就是张逊王宾二人刻意用来陷害寇准的，最严重的是，太宗认为张逊本来就不能胜任工作要求，如一个已经快要装满的瓶子，还把精力放在搬弄是非上……从这两份制书可以看出，太宗对张逊毫不留情，而对寇准，依然极尽保护。

此外，就在寇准被罢免了同知枢密院事、只守本官之后，太宗还抓紧在寇准到青州之前的日子里，召集包括寇准在内的一批自己信任的臣子共同举荐京官，这次太宗召集的人，除了寇准，还有翰林学士苏易简、左谏议大夫魏庠以及右谏议大夫赵昌言等。能出现在这个群体当中，足以说明寇准仍然深受太宗器重。

在开封的几年时间里，寇准被太宗悉心呵护、精心培养，便迎来了仕途中的重要时刻。这次离开开封，也标志着寇准顺风顺水的日子就要结束了。好在这位传奇宰相，具备足够的自信与能力，让他即使与整个世界为敌也不会觉得孤单。

第三章 立储风波

第一节 斧声烛影

太宗之所以要对朝堂布局下如此大的功夫,还是与太宗的继位有关,这是一则尽人皆知的故事。

开宝九年十月二十日(976年11月14日),宋太祖赵匡胤突然去世,而太宗赵光义作为其弟,于太祖死后第二天登基为帝,这种不同于以往父死子继的皇位继承方式,必定存在争议。后世把这段充满争议的故事进行了大胆的猜测和演绎,便有了历史上一段著名的悬案——"斧声烛影"。

北宋僧人文莹在《湘山野录》续录部分讲了这样一段故事。太祖太宗两兄弟在没有得势之前,曾经与一位道士共同游历。一次三人宴饮之后尽皆大醉,这名神秘的道士醉话一般预言了赵匡胤将在未来的某一天当上皇帝。开宝九年(976年),已经身为皇帝的赵匡胤又见到了这位道士，与大多数帝王一样，他向道士询问了自己的寿数。道士则告诉他，如果今年十月二十日是晴天，那么太祖皇帝将会再多活十二年，但如果那天不是晴天，太祖皇帝的寿命也就到头了。太祖一直惦记此事。到那日，太祖见天气晴朗，正是道士所言自己能够长寿的预兆，心情大好。可不一会儿，天色突然大变，阴霾四起，雪雹骤降。太祖自觉天命如此，便叫身边的侍从将弟弟赵光义请入宫中，商议大事。兄弟两人屏退了周围的宫女、宦官，畅饮一夜。故事中穿插了被屏退的宫人们对自己所见的描述："但遥见烛影下，太宗时或避席，有不可胜之状。饮讫，禁漏三鼓，殿雪已数寸，帝引柱斧戳雪，顾太宗曰："好做，好做！"遂解带就寝，鼻息如雷霆。是夕，太宗留宿禁内，将五鼓，周庐者寂无所闻，帝已崩矣。太宗受遗诏于柩前即位……引近臣环玉衣以瞻圣体，玉色温莹如出汤沐。"

这便是"斧声烛影"的出处了，这段故事中撰写的"柱斧"不过是宫中常见之物，这段描述勾勒出的故事其实可以解读为一幅兄友弟恭的画面：一位伟大的帝王知道了自己行将就木，为了自己辛苦打下的江山能够有所托付，深夜叫来了自己的弟弟。遥远的窗外，有人看见兄弟二人似乎推辞着什么，两人在这样的氛围下继续畅饮了许久，直到雪已经有数寸之厚。太祖皇帝不知是不胜酒力还是已经步入了生命的最后时刻，他将手持的"柱斧"插入雪中，看着自己的弟弟，意味深长地叮嘱他好自为之，之后便睡去了。他的弟弟赵光义当晚就留宿在了宫中，将要天亮的时候，人们发现太祖皇帝已经离世，而太祖的弟弟按照太祖的遗嘱在太祖的灵柩前继承了皇位。近臣们瞻仰太祖遗容的时候发现，皇帝面如温玉，走得很安详。

在中国儒家学说中，关于权力的交接，有着理想的范例，那就是尧舜之间的推位让贤模式。这段描写其实颇有对太祖太宗两兄弟在皇位继承问题上的吹捧之意，又企图用道士的预言来证明太祖太宗两位皇帝"真命天子"的身份。这段记录与刘邦斩白蛇起义这样的传说有着相似的作用，意在说明一切自有定数，一切皆为天意。但这段逼真的描写却引起了一场猜测——太宗于太祖灵柩前继位，且独自见证了太祖的死亡，这就使太宗具有重大的弑兄篡位嫌疑。更不可思议的是，上述记载中戳雪的柱斧本是件无关紧要的东西，但由于后世已经没办法确切地讲清楚这柱斧到底是什么，导致这段记录又在后世的流传中出现了谬误，逐渐成为民间传说太宗残杀太祖夺得皇位的来源。

事实的真相已经再也无法准确还原，但太宗继位的合法性在当时充满了争议是一定的。太宗继位时，太祖的皇子已经符合继位的标准，如果按照传统，太祖之子无疑是更有资格的继承人。但与这些地位正统，但稍显青涩的皇子们相比，太宗作为大宋王朝的直接缔造者之一，拥有着问鼎皇位的强大实力。

大宋王朝建立后，太宗的权力和势力都在不断扩张。自建隆二年（961年）开始，太宗就管辖开封府，一管就是十六年，以其威信和政治手腕聚集了大批亲信和幕僚，培植了大量拥护自己的势力。在这样的背景下，太宗对王朝的实际控制逐渐加强，太宗一派已经成为太祖十分忌惮的强大政治力量。开宝九年（976年），太祖曾带着太宗巡视西京洛阳，打算迁都至此，除了考虑到开封在地理上更直接面对辽国的威胁，降低太宗的政治影响也是重要的因素之一。

斧声烛影这种猜测之所以会出现，根本原因并不是太祖到底有没有传位给自己的弟弟，而是几千年来的皇位继承规则一般都会屈服于绝对实力，主流的舆论对此不甘心却又无能为力。如果太祖将皇位顺利传给自己的皇子赵德昭，历史的走向也很可能是太宗之后巧立名目，从德昭手中夺取天下，而德昭被刻画成一个不适合统治天下的皇帝，留名史书——明成祖朱棣取得皇位，就是这种走向的验证。

除去充满猜测和演绎的"斧声烛影"，李焘《续资治通鉴长编》中记载了这样一段故事：太祖病危，当时的宋皇后便派人去召见德芳继承大统，但派去的人没有按照宋皇后的意思召德芳前来，而是去太宗的府邸报信，并将太宗带入了宫中。宋皇后见到来者是太宗，只能做出当时最明智的选择。之后，这个被派去的人就在历史上留下了名字，甚至在后来的历史中，每次试图转变历史走向，这个人就是王继恩。

作为皇位争夺的胜利者，太宗为维护自身的正统性，消除不必要的争议，做出了诸多努力，于是又有"金匮之盟"的说法浮出水面。太平兴国六年（981年），陈桥兵变中的另一关键人物赵普，带来一个被隐藏了二十多年的秘密——一份由他手书，由太祖、太宗以及他们的生母杜太后共同立下的誓言。内容就是杜太后曾要求太祖在身故后要把皇位传给太宗。这份誓书被藏于金匮之后，于是被称为"金匮之盟"。

这份盟约的出现，便是要明确昭告天下，太祖生前的个人意愿就是传位给自己的弟弟赵光义。至于原因，《宋史·后妃传》和司马光《涑水记闻》中记载了这样一个故事：建隆二年（961年）二月，杜太后病危之际，让太祖与赵普在病床前接受她最后的嘱托："大宋要吸取前朝的教训，你百年之后，不能立你年幼的儿子为皇帝，你要立你弟弟为帝，才能保住好不容易得来的江山，这才是社稷之福，也是赵氏家族长久之策呀！"太祖甚是悲痛，于是答应了杜太后的要求，杜太后让赵普见证了此事，并将太祖的誓言记录下来，留于后世。

尽管故事感人至深，也满足了太宗向全天下证明自己是合法继承的愿望，但从古至今怀疑这个故事真实性的人都不在少数。与太宗相同，赵普也是一名很有手腕的政治家。关于继位的事情，他选择站在了拥有强大实力、当前的最高统治者太宗赵光义一边。后世之人相信，对于赵普这种可以协助太祖策划兵变夺取后周江山的人来说，编造一个故事似乎并不难。但让这个故事天衣无缝就不是容易的事情了。这个故事被正式公布之后，又引发了另外的问题。杜太后与太祖约定这件事的时候，太祖长子德昭尚小，二十年过去，幼君继位导致政权不稳的顾虑已然不存在，太宗既然已经做了皇帝，那他身后是否要将皇位还给德昭呢？而赵廷美作为太祖与太宗的弟弟，又是否享有同等的皇位继承权呢？

王禹偁的《建隆遗事》是这样记录这个故事的：某日，太祖带领皇弟、皇子、公主和皇侄等一众人到杜太后处赴宴，太祖在酒兴大起时说自己百年之后要将皇位传给赵光义,赵光义之后再将皇位传给赵廷美。听到这样的说法,杜太后很高兴,笑着说:"我早就有这样的想法但没有说出来,我想要后世能够流传我一个人生了三个天子的美谈,不承想我儿孝顺,能够成全我的想法。"紧接着就命令赵光义和赵廷美叩谢太祖。这个时候,太祖问他的兄弟们:"不知廷美以后会将皇位传给谁呀?"廷美表示愿意再传位给太祖的皇子德昭,太祖大笑。在这样其乐融融的家庭氛围下,太祖要求赵普写下誓书,赵普推辞自己不擅文辞,推荐大学士陶谷执笔。

"金匮之盟"的存在虽然一定程度上解决了太宗继承的合法性问题,却也为更多人提供了合法继承的可能性。太宗作为绝对实力的拥有者,顺利继承了皇位,作为既得利益者,他甚至可以不在乎斧声烛影这样的质疑,但他绝不能容忍别人利用这个问题威胁他的皇权。

晚年的太宗被这个问题的后遗症难住了。他需要有人像赵普那样给自己送上可以解决问题的办法,在他看来,有这等能力和气魄的只有远在青州的寇准。

寇准像是太宗的一面镜子,不同于唐太宗透过魏徵看自己,宋太宗还可以透过寇准向世人展示自己。透过他,太宗的行为在别人眼中变得更加大度、合理。首先是寇准行事直接,这种敢于谏言的表现很容易让人把寇准与魏徵联系起来,这间接显示了太宗作为仁君的大度。其次,寇准的"不合群"在太宗看来是官场上难得的宝贵品质。科举出身的寇准,本身没有什么复杂的家族势力，步入官场之后，依然足够独立。这个高傲的年轻人不齿于攀附、不乐于结党，与上司相处都不够融洽，他择友的标准是与他脾气相投或者诗文相交，这直接省去了太宗制衡权力、提防权臣结党的烦恼。

于是，每当太宗为了皇位和立储之事而烦恼的时候，他都会想起寇准。

第二节 储位之争

把自己的江山交给谁，不是皇帝自己的事情吗？终其一朝都没有设立皇储的宋太祖，大概最知道其中的艰难。当太宗坐上皇位的时候，他也体会到了其中的无奈，因为总有无数人用行动、语言或是直接或是间接地告诉他，这件事不能由他自己决定。在他从太祖手中接过皇位，又千方百计地为自己正名后，也出现了不止一个"应该"从他手中接过权杖的人。

首先，是太祖之子赵德昭和赵德芳。

太祖共有四子，其中顺利长大成人的是排行第二的赵德昭与排行第四的赵德芳。赵德昭生于后周广顺元年（951年），赵德芳生于后周显德六年（959年），"陈桥兵变"时两人尚年幼，追随太祖创业的重任落在了太宗身上。所以大宋建立后，为了让太宗保持对这份大业的忠诚，太祖并没有忙着对自己的儿子进行封赏，即使他们成年之后，也没给予封王的待遇。可太祖的想法，同样聪明的太宗不难揣测到。即使是在太宗取得皇位之后，德昭、德芳二人，仍站在正统一边，不管金匮之盟的说法是否为人采信，这二人也是太宗皇位继承人的有力竞争者。

太宗上位后，对两个侄子极尽优待，史载："命太祖子及齐王廷美子并称皇子，女并称皇女。"太平兴国元年（976年），太宗封德昭为王。这样的做法，等于给了德昭"准继承人"的资格。但这些做法不但与太祖当年对太宗所做的如出一辙，其目的也很相似。只是这种其乐融融的氛围最终还是在太平兴国四年（979年）被打破了。这一年，太宗率兵北伐北汉和辽国，却经历了高梁河之败，险些丧命。

据《辽史·耶律休哥传》记载："遇大敌于高梁河，与耶律斜轸分左右翼，击败之。追杀三十余里，斩首万余级，休哥被三创。明旦，宋主遁去。"这场战役中，太宗经历了征战生涯中一次严峻的考验，兵败后与军队失联，历尽艰险终于捡回一条命。可这时他发现，那些他认为忠心耿耿的将士们竟然已经动了拥立德昭为帝的心思。太宗难免又联想到那些暗处的政敌们时刻想着利用德昭来赶他下台，甚至因此失去了对德昭的信任。德昭率领部队回到开封之后，见太宗没有封赏将士们的想法，做了一个愚蠢的决定——为将士们请赏。在平时，这是一个很正常的举动，但这一次，他成功激怒了太宗，太宗认定他想借此邀买人心，说的话也十分重："你自己当了皇帝再赏不迟！"或许是感知到了未来的风险，或许是德昭的脆弱，这位年轻的皇子当日便选择了自杀。听到这个消息，太宗又惊又悔，跑来抱着德昭的尸体哭道:"痴儿何必如此!"

太平兴国六年(981年),正值盛年的赵德芳在睡梦中安然离世,太宗废朝五日,亲临哭祭。至此,太祖的两位皇子都已去世,而能够对太宗皇位产生威胁的只有自己的四弟赵廷美一人。若按照"金匮之盟"的约定,赵廷美就是下一个应该继承皇位的人。太宗继位之初,还对三十岁的赵廷美给予了封赏,甚至表现出极度的信任,太平兴国四年(979年)太宗北伐时,甚至想将赵廷美留下,掌管国家事务,经过吕端的劝说才带着赵廷美一起出征。但这种信任只是假象,在时机成熟时,太宗的杀机便显露出来。

太平兴国七年(982年),一场政治阴谋拉开序幕,太宗为晋王时的部属、如京使柴禹锡等人突然向太宗举报齐王赵廷美图谋不轨。消息称,在金明池水心殿的落成庆祝仪式上,因为已经探知太宗将坐船游览,齐王赵廷美将会利用这个机会行刺太宗,篡夺皇位。这座金明池从太祖时就开始兴建,既是一所华丽的皇家园林,又是操练水军的训练场地。太宗确实有参观水心殿落成的计划,接到告发的太宗此时却没有再次表现出对赵廷美的信任,立刻开启了调查。

太宗为了此事,还专门召见了赵普,而赵普表示,只要恢复宰相之职,便可以助太宗揪出朝中的奸邪之人,确保太宗皇位稳固。于是太宗当即任命赵普为司徒兼侍中,恢复了他的宰相职权,由他负责彻底调查此事。作为交易的另一方,赵普的目标是他的政敌卢多逊。为了能够将卢多逊牵扯进去,赵普费尽心机地找到了一条重罪——大臣结交亲王。为了皇位的安全,太宗选择了抛弃卢多逊。最终,卢多逊被削夺官爵,流放崖州;赵廷美被软禁,不久又被降为涪陵县公,安置在房州,并于两年后在房州去世。为了能够减轻自己的骂名,太宗甚至不承认赵廷美与自己是亲兄弟,而这又是极有深意的一招:赵廷美的身份变化彻底毁掉了他和他的子嗣在理论上的皇位继承资格。随后,与赵廷美有关的大臣们被彻底清洗,朝堂之上,再也没有能够阻碍太宗的"旧人"了。这场政治斗争后,"父死子继"的传位方式终于回归正轨,太宗终于可以心安理得地将皇位传给自己一支的子孙了。

本以为事情会因此变得简单,但太宗的选择,从"廷美案"尘埃落定开始,到至道元年(995年)正式册立后来的真宗为皇太子为止,经历了十多年的时间。太宗在对待皇位继承人的态度上,变得更加慎重了。太宗发现,即使继承人都是自己的孩子,确立皇位继承人这件事仍然不是皇帝能够完全左右的。因为这个问题不仅关系到太宗自己的后代子嗣,还关系到大宋政权的稳定。

太宗共有九子,顺利长大成人可以成为继承人的是以下几位:赵元佐、赵元僖、赵元侃(宋真宗)、赵元份、赵元杰、赵元偓、赵元偁、赵元俨。

太宗心中太子的第一人选是长子赵元佐。太宗想要传位赵元佐,并不单纯因为赵元佐是长子,更是因为这位皇子确实足够优秀,自少年时期起就深受太宗喜欢,这位皇子不仅长相与太宗十分相像,而且与太宗一样智慧超群,文武双全。太宗继位之后,元佐成了太宗重点培养的对象。太平兴国四年(979年),太宗带着元佐北伐，太平兴国七年（982年），太宗就给他封官封王，允许其单独建府。然而这样的皇位继承的"大热人选"，却因为两件事而自毁前程，逐渐淡出了皇位的争夺圈。

第一件事与太宗处置兄弟赵廷美之事有关。自赵廷美被告发谋反获罪，所有皇族成员都避之不及，唯恐受到牵连，唯独元佐对叔叔表现出了极大的同情。他认为叔叔赵廷美一直勤于政事，协助父亲处理朝政，对父亲言听计从，绝无犯上谋害之心。《续资治通鉴》记载："楚王元佐独申救之，帝不听。"为赵廷美申诉不得，元佐甚至持刀伤人。因为满朝上下都知道太宗对待赵廷美案的态度，这个时候跳出来帮助赵廷美，无疑是在向太宗宣战。但元佐作为太宗最看重的皇子，却选择了站在父亲的对立面上，此举除了招来太宗的不满，更让他自己陷入了"疯魔"的境地。当得知叔叔赵廷美在房州病逝之后，赵元佐的精神受到了极大的刺激——"元佐遂感心疾，或经时不朝请"，他时而疯癫，变得十分暴躁，甚至经常残杀仆人："屡为残忍，不守法度，左右微过，必加手刃，仆吏过庭，往往弯弓射之。"虽经过太医的精心治疗，元佐的病情有了好转，但情绪波动仍然较大，喜怒无常。但是至此，事情总归是向着渐渐平息的方向发展的，但元佐做的第二件事情彻底断绝了太宗让其继位的希望。

雍熙二年（985年），太宗召自己的儿子们入宫宴饮，却唯独没有召见元佐。宴会结束后，陈王赵元僖等特意去看望了自己的哥哥，并将宴会之事告诉了赵元佐。敏感的赵元佐由此认为父亲对自己彻底孤立和疏远，再次陷入了深深的绝望。他难以走出这种绝望的情绪，最后居然将自己的房子烧了。太宗可能本想借着这次家宴敲打元佐，让他明白太宗身为皇帝、身为父亲的权威，希望他能在平日里有所收敛。没想到元佐不但不知悔改，甚至纵火来表达自己的不满。此事一出，太宗对元佐的忍耐突破了极限，他决心放弃这个皇子。他下令将元佐废为庶人，送均州安置。后来，在元僖、文武百官、外戚、皇亲的请求之下，太宗把元佐囚禁在南宫，又惩罚了辅佐元佐的官僚，元佐纵火事件才落下帷幕，元佐也丧失了继承皇位的可能。

按照顺位，元佐之后自然是赵元僖最为合适，但元僖并不是太宗心中的第二人选。赵元僖原名赵元佑，比赵元佐小一岁。赵元佐"生病"后，太宗下令封赵元佑为开封尹兼侍中，改名元僖，进封许王。在纵火案前，他与自己的哥哥到底说了什么已经不得而知了，但是在他带着弟弟们看望了元佐之后，元佐就陷入了绝望，做出了纵火烧房的不理智事情，可以猜测，元僖在这个事件中起到了煽风点火的作用。直到哥哥被囚禁，元僖的表现都太过急于求成。虽然太宗给了元僖"尹京封王"的待遇，但却迟迟不立他为储君。太宗还是认为立储之事并不着急，皇子们并未达到可立为储君的标准，自己还需要好好教导他们，为他们精心选择辅助之人。见太宗是这样的态度，元僖终于忍不住行动了。一天，宋沆、冯拯、尹黄裳、王世则以及洪湛等一众大臣突然向太宗提议，立赵元僖为太子。结果太宗大怒，怀疑是元僖与吕蒙正有勾结，因此重罚了宋沆等人。此后，元僖再也不敢奢望立储之事了，随着太宗信任的逝去，他整日郁郁寡欢，生命似乎也枯竭了，不久之后，便猝然而终："元僖早朝，方坐殿庐中，觉体中不佳，遂不入谒，径归府。车驾遽临视，疾已亟，上呼之，犹能应，少选薨。"元僖死后，太宗十分悲伤，追赠元僖太子之位，谥曰"恭孝"。

元佐失势后，立储已经不是太宗的当务之急了，然而元僖着急的态度让太宗感受到了后来人的威胁，一个帝王会因另一个人与自己相像而增加对他的好感吗？如果是相貌相似，大概率会增加这种好感，比如太宗喜爱元佐。但如果是性格呢？那这种好感大概率不会增加，反而会平添几分防备。

搁置储位，是太宗对大宋皇位顺利传承的自信，更是对自己的保护。直到太宗被足疾威胁，真的觉得自己已入迟暮，这件事才又被提上议事日程，而这次，他需要一个绝对信得过的人，在保证实现自己想法的前提下，平稳地完成权力的交接与过渡。

经过细致的考量，他认定能够胜任的这个人，现在被暂时安置在青州。而未来，这个人会被太宗安置在自己和未来的皇帝身侧。

第三节　卿来何缓

"寇准在青州过得可还好？"太宗似父亲般惦记着寇准，不时向身边人打听寇准近况。

"寇准在青州乐得清闲呢！"

没过几日，太宗又惦记起寇准来，"寇准在青州可思改过？"

"陛下您惦记着寇准，可臣听说寇准日日欢宴，不知道他是否也惦记着陛下您？"听到这样的话，太宗少有地沉默了。

太宗认为，过早立储很容易引起朝中大臣们做政治投机——人都有趋利避害的心理，如果能够提前知道做什么选择对自己有利，则必然会提前放好筹码，而这些筹码如果都压在储君这一方，那势必会对皇帝造成威胁。太宗的想法不无道理，但朝臣们却不一定需要储君确立之后再做选择。他们完全可以提前谋划，如果选不对，那就用自己手中的权力支持、推举出一个合适的人选。所以即便太宗在大臣们请求立元僖为储君的事件中表明了自己的态度，但朝中各方势力还是暗流涌动，大臣们想要从权力的交接中谋求更多。这种投机的心理也让分散在大臣们、宗亲们甚至是宦官们手中的权力暗暗联结，比如李皇后、宦官王继恩及参知政事李昌龄与知制诰胡旦等，他们将赌注压在"疯癫"的元佐身上，虽然元佐被太宗圈禁，但皇长子的身份是任何人都无法剥夺的。而吕端、李沆等大臣，则倾向于支持赵元侃。相比文武双全的元佐，元侃似乎显得平庸些，但大宋政局已经稳定，比起文韬武略的统治者，天下更需要一位性格相对平和的皇帝。与曾经发疯伤人、纵火的元佐相比，性格平和的元侃自然成了这些大臣们的不二之选。历史证明，大宋的臣子们没有选错，赵元侃就是后来的真宗，这位在大宋历史上存在感并不很高的皇帝，默默地稳定了大宋的繁荣，这是后话。

立储的问题终是要解决的。淳化五年（994年），已入暮年的太宗，终于感受到了压力——这一年，一向和平稳定的大宋，突然动荡起来。正月，四川地区爆发王小波、李顺起义。与中国古代多数农民起义的原因一样，他们受自然灾害和地方官员压迫，实在无法生存下去，不得已放下了锄头，拿起了兵戈。淳化四年（993年），西川大旱，但官府赈灾不及时，且急于征收税赋，向百姓发难，农民难以为继，王小波带领百余农民在青城起义，提出"吾疾贫富不均，今为汝均之"的口号。起义军一度攻占成都，李顺自号大蜀王，改元应运，这场起义声势浩大，直到至道元年（995年）才被成功镇压。除了内忧，外患也接踵而至。党项又向大宋发起进攻，李继迁带兵多次攻袭西北边境，宋朝陷入了内外交困的窘境之中。

而对此种种，当年文韬武略的太宗却感到十分无力，因为他的箭伤发作了。这是当年高梁河之战时留下的旧伤，自那之后每年都会发作。即使再不甘心，太宗也不得不重新开始考虑继承人问题。可这件事，他似乎没法征求身边人的意见，在他看来，朝中的大臣们或者深深缠绕在错综复杂的权力网当中，或者时刻准备着推翻自己的想法，实在无法依靠。于是太宗将远在青州的寇准调回朝廷，准备与他商议立储之事。

淳化五年（994年）九月，在青州任职不到一年的寇准，终于带着太宗的期待再度出现在了开封。对于这次见面，史书上的描写甚是生动：寇准归来见到太宗，见太宗正受足疾折磨，不禁万分悲伤；而太宗更是像个受了委屈的孩子一般，将自己的衣服掀开，露出复发的创口给寇准看，脱口而出："卿来何缓耶？"——"你怎么才回来呀？"

寇准急忙回答道:"未得召见,我一个外臣怎敢擅回京师?"

一阵寒暄后,太宗急切地抛出了他的问题:"依爱卿看来,朕的这些皇子里,哪一个能托付江山?"

寇准太理解太宗的心思了。他对太宗说:"您是为了天下百姓和大宋的将来挑选储君的,这等重事不能与后宫的妇人和宦官商量,也不能偏听臣子之言,要选择的是众望所归的皇子,后世的贤君啊!"可见被贬青州的这几个月里,寇准仍心系朝廷大局,他深知太宗周围有哪些阻碍力量。

太宗思忖良久,终于问出了心中的问题:"元侃如何?"

寇准再一次给出了答案:"知子莫若父,圣虑既以为可,愿即决定。"寇准言中之意是,对于皇帝一手培养起来的皇子,当然是皇帝本人最了解;言外之意是,太宗作为皇帝,也作为父亲,才是最具有决定权的人,不需要听从过多的建议。寇准也明白,太宗已经有了决断,需要的只是支持而已。

太宗知道,以寇准这种疾恶如仇、逢错必纠的性格,如果自己说出了他并不认可的人选,他定会反对一二,既然寇准并未明言反对,这种模棱两可的态度,放在寇准身上,便是一种肯定的态度。

就是这几句看似没有答案的回答,敲定了这个高悬数年的问题。不反对也是一种赞同——与其说太宗不再怀疑自己的判断,不如说太宗综合考量了各种因素,选择了元侃和他背后的大部分朝臣。太宗立刻册封元侃为开封尹,改封寿王。与此前不同的是,太宗紧接着立元侃为太子。而对立储之事定策有功的寇准则拜参知政事，成了大宋名副其实的副宰相了。至道元年（995年），寇准又加给事中。这一年，寇准年仅三十四岁，宋太宗已五十六岁，或许是晚年内忧外患的压力让太宗不复当年的果断，抑或是暮年的太宗在意志上不再如往日般坚定，太宗虽然做出了决定，但仍然怀疑自己。

自唐后期以来，皇太子继承制就遭到了严重的破坏。唐后期的皇帝，大多数由宦官拥立，而五代时期，更是直接放弃了皇太子继承制度。作为统一王朝大宋开国以来第一个被正式册封的皇太子，大宋当然要为其举行盛大的庆祝仪式，以向天下昭告——一个皇权可以稳定交接的和平时代到来了。因此民间对这位皇太子也十分好奇。宣告册封太子之事后，太宗带着元侃拜谒祖庙，得到消息的开封百姓们纷纷走上街头，想要一睹太宗父子的真容。这种万人空巷的盛大场面本该令太宗高兴，却出现了既合情理，却让太宗难以接受的声音——在拥挤的人群中，忽然有人喊了一句："真是少年天子啊！"声音之大，立刻引起了太宗的注意，他瞬间变了脸色。

幸好当时随行的是寇准，如果是他人来处理这个问题，很可能使当时的宋朝再次因为储君的问题陷入混乱。太宗沉着脸问寇准道："如今立储，人心归向太子，将把我置于何处？"听到太宗这样问，寇准不但没有慌张，反而从容又高兴地向太宗贺喜："陛下圣明，如臣之前所言，太子应是众望所归之人，如今看来，您册立的太子正是人心所向之人，如此可保大宋江山稳固，这是您的功劳，更是国家的福气啊！"太宗听到这个答案十分满意，瞬间打消了疑虑。

册立皇太子后，大宋迈入了一个新的阶段。皇位继承是否平稳，不仅关系到一个王朝是否能够长久地延续统治，还在一定程度上影响着国家政治的稳定。中国封建社会延续了几千年，皇位的继承方式，一直被认为是关系国家命脉的重要"礼制"，这种制度从某种角度上来讲，有着更加重要的象征意义——皇权顺利交接，大多数时候证明这个王朝的统治基础尚且牢固。自真宗后，宋朝真正迈向了一段长时间的和平、稳定，至少此后的皇位继承都没有出现过类似于玄武门之变的极端形式。经济趋于稳定发展，政治愈加稳固，国家治理体系逐渐完善，文化发展更加繁荣，太宗亲手缔造的王朝，开始散发出其他王朝难以比拟的魅力。

回过头再看在整个事件中表现得"天衣无缝"的寇准，帮助太宗定此大策之后，得到了太宗空前的倚重。至道元年（995年），吕蒙正罢相，以参知政事吕端为相，寇准与翰林学士张洎同为参知政事，但这二人很默契地避开寇准的锋芒，大事皆由寇准决定。

与寇准同列参知政事的张洎，是南唐旧臣，在金陵被太祖围时，张洎曾劝南唐旧主李煜拒降，并起草蜡书送至城外调遣救兵。被捕后宋太祖曾就此事责问张洎，并取出缴获的蜡书对证。张洎从容回答："各为其主，今能一死，尽为臣之份。"太祖也是爱才之人，并未杀他，将他留下任用。归降大宋后，张洎受到太祖赵匡胤的器重，授官太子中允，入舍人院。而寇准却因张洎"一臣侍二主"而轻视张洎，作了一首《庭雀》取笑他，诗中有这样两句:"少年挟弹多狂逸,不用金圆用蜡圆。"这里的"蜡圆"就是讽刺张洎为李煜起草蜡书一事。而这位历经考验的老臣并未提出抗议,吏部政事一决于寇准,他甚至对寇准愈发恭敬——作为前辈,张洎每天在办公处穿戴整齐迎接寇准,见到寇准后才作揖而退,对朝廷之事依然尽心尽力,未与寇准计较。张洎专修《时政记》,吕端也对寇准十分礼让,朝堂之上虽然排位本该在寇准之前,却上奏太宗请求居于寇准之下,后又向太宗提出"分日押班知印,同升政事堂"——让寇准与自己隔日轮流执掌相府,平起平坐。

身在高位的寇准,毫不掩饰地向太宗展示着自己的才华,太宗既询问寇准钱谷利病(国家钱粮管理),也与他谈论将帅的派遣。太宗曾命人制作两条犀带,一条留给自己,而另一条则赐给了寇准。除了太宗对他信任有加,他的同僚们,包括当时的宰相吕端和另一位参知政事张洎,对他也是言听计从。他仿佛又回到了幼年时登顶泰山的灿烂时刻——他用自己的荣耀诠释着"只有天在上,更无山与齐"这句诗。可当时写诗的是个不成熟的孩子,如今处在权力巅峰的似乎仍然是个不成熟的孩子。吕端与张洎虽是避开了寇准的锋芒,却也没有对寇准提供什么实际性的帮助。其他朝臣,也都在等待时机挑出寇准的错误。寇准自身性格中的缺陷,也逐渐被突出放大出来。但寇准似乎从来没有因为人生际遇而改变心态——他本来就不曾将任何人放在眼中。除了精心经营与太宗的君臣之谊,寇准似乎懒得再在和其他人的相处上花费力气,与此相反,他总是喜欢树敌,喜欢让对手向他低头,而这样的行为，势必招来对方的不满。

他自己去碰的第一颗钉子，就是冯拯。至道二年（996年）七月，太宗在汴京南郊祭祀天地，按例，在这种敬天的活动结束后，就要赏赐大臣们了。每次天子祭祀天地之后，都要格外开恩，晋升一批官员。这次太宗将祭祀活动以及其他事宜交给寇准全权负责。祭祀仪式在寇准的安排下顺利完成，但后续对官员们的赏赐事宜，却引发了一场纠纷。

起因就是寇准对于官员的职位安排，完全是凭借自己对这些人的好恶和判断："二年，祠南郊，中外官皆进秩。准素所喜者多得台省清要官，所恶不及知者退序进之。"——寇准给自己中意的官员安排了三省、御史台的清闲要职，而寇准眼中的碌碌无为者却被按比常例低一档的规格升职。结果公布后，每个牵涉其中的官员都百感交集，一时间朝廷上下议论纷纷，喜出望外者有之，摇头晃脑者有之，捶胸顿足者有之，但几乎所有人都惊呼寇准身为太宗近臣、朝堂柱梁，行事实在荒唐！因为寇准所做的事，在一众官员看来，不仅带着"使气"的成分，甚至有"培植朋党"的嫌疑。这样，寇准和他的主要政敌之一冯拯之间爆发了一次政治冲突。

任广州左通判的冯拯与右通判、太常博士彭惟节同时升迁，但寇准将彭惟节放在了冯拯之前，这引发了冯拯的不满。冯拯愤称："上日阅万机，宁察见此细事？盖寇准弄权尔。"他向太宗上书，称寇准对整个岭南官员的晋升都不公平，实为操弄权柄，甚至趁机说："吕端、张洎、李昌龄皆准所引，端心德之，洎曲奉准，昌龄畏懦，皆不敢与准抗，故得以任胸臆，乱经制，皆准所为也。"这就是说，寇准以权力之便，建立起了自己的一股政治势力，吕端、张洎、李昌龄都不敢与寇准对抗，所以寇准在朝中任性妄为。听到这里，太宗立刻召吕端、张洎等人询问此事，吕端、张洎等人便将责任推给寇准，说道："臣等皆陛下擢用，待罪相府，至于除拜专恣，实准所为也。准性刚强自任，臣等忝备大臣，不欲忿争，虑伤国体。"这些大臣向太宗解释，寇准的专扈，是他自己的性格问题，我等身为国之重臣，自然不会因为一些小事跟他争执。

其实这样回答，是相当明智的，如果在当时的情境下还要一味帮助寇准开脱，便会坐实了几人勾结的罪名。但也能看出，好刚使气的寇准已为同僚所不喜。寇准在这件事上开始变得孤立无援。太宗也认为寇准此行为有些狐假虎威，竟以中书下发的文件代替圣旨。待寇准在太庙处理完祭祀事后回朝，太宗责问他此次晋升之事，寇准则解释说是和吕端等人一起商议过，并非他自己独自决定。

熟悉的画面又要出现了，上一次因为与自己的同僚张逊争论不休，寇准被罢职到青州。这一次，寇准依然认为自己没有错，太宗想以淳化四年外放青州的教训敲打提醒寇准不要太固执，得罪所有人，便说："若廷辩是非，又深失执政之体矣。"然而寇准还是喋喋不休地讲着自己的道理。这种无休止的固执令太宗很生气。看着寇准不知悔改的样子，太宗恨铁不成钢地说道："鼠雀尚知人意，况人乎！"

第二天，太宗还是希望再给寇准一个机会，让他承认错误，但寇准又把这次机会狠狠摔在地上，他抱来中书省的文件，要在太宗面前把是非对错辩个明白。最终，太宗忍无可忍，决定将这个在朝堂上如无赖一般的大臣赶出京城！

这一次，寇准出知邓州。

只是寇准与太宗都没有想到，这次去邓州，竟是君臣二人间的永诀。而没有了太宗的挂念，寇准这次外放，经历了漫长的五年时间。不会有人知道，五年后的寇准再次回到京城，到底是怎样的心情。再也没有人会满含关切地问："寇爱卿近日如何？"

第四节 真宗继位

至道二年（996年）对寇准来讲，是一个重要的年份，他第二次离开开封。这一年，对太宗来讲，变得更加艰难了，李继迁聚集党项诸部，向大宋发起挑战，兵围灵州。

对李继迁来讲，大宋像是一个庞大的猎物，只要进行频繁的骚扰，总会得到意想不到的好处。当时灵州守将侯延广刚刚病故，灵州守备力量有所削弱，李继迁决定抓住这个机会，向灵州发起进攻。参知政事张洎上疏认为当放弃灵州，而太宗对此不以为然，他听从了宰相吕端的建议，起五路大军讨伐李继迁，以李继隆为主力的一路救援灵州，其他四路均兵锋直指李继迁巢穴——平夏地区。但由于李继隆未遵守旨意，五路大军均攻向了平夏。虽然李继隆、丁罕、张守恩三路军队进退失据，终无功而返，但仍迫使李继迁不得不撤围灵州，回援平夏，并与王超、范廷召战于乌白池，双方互有胜负，最终宋军退回，灵州失陷。面对这个消息，太宗在深深的无力感中渐渐不支。至道三年三月二十九日（997年5月8日），太宗驾崩于万岁殿，时年五十九岁，在位二十二年。

太宗在大宋的内忧外患之时去世，大宋的权力必将在风雨飘摇中交接。虽然太宗下定决心，经过深思熟虑，明旨册立了储君，在太宗驾崩时，皇位的交接仍然不是那么顺遂。

曾被认为在太祖驾崩时对事情走向起到决定性影响的王继恩，再次登上历史舞台。作为太宗另外一个极度信任的人，王继恩曾多次向太宗进言，企图让太宗废掉元侃，但太宗记住了寇准的劝告，不要听信枕边之人和宫中宦官的建议，立太子这件事，是为天下而立，王继恩作为一名宦官，他说的话，不足为信，所以并未改立太子。

但是从龙之功，始终诱惑着这名野心勃勃的宦官。王继恩是尝到过这种甜头的。这一次，他再次将目光投向了皇位交替这种难得的时机，与太祖的突然离世不同，太宗是病重离世的，这一次，王继恩有更充足的时间，可以做更万全的准备。

至道三年（997年），太宗病危之际，王继恩与先前已经联络好的"盟友们"开始了行动。这些"盟友"有手握重权的朝臣，如参知政事李昌龄、知制诰胡旦，还有曾经地位正统，如今依然身份尊贵的太宗长子赵元佐，最关键的是，王继恩还有李皇后的支持。因此，他们信心满满地开始了行动。但天不遂人愿，他们遇到了太宗留下来的"定海针"——吕端。本是文臣的吕端面对这件天大的事时，展现出了无与伦比的智慧与勇气。在表面接受王继恩等人的邀请后，吕端从容应对，先是预知事将有变，紧急派人告知太子入宫，后邀请王继恩与他进入阁内商议。面对着马上就要到手的功劳，王继恩欣喜若狂，他满怀信心地进入了吕端处理政务的地方，却没想到，吕端在他背后浅浅一笑，拿出藏在衣中的门锁，将王继恩锁于阁内，便往宫内去了。任凭王继恩拍打、呼喊，他都不曾回头。吕端找到李皇后，严词劝她遵从太宗遗诏，不要徒生事端，这位并无亲生皇子作为新帝人选的皇后，为了保全自身，并没有进行什么挣扎，接受了吕端的劝告，至此，真宗顺利继位。

真宗登上皇位后，选择了以德报怨。他仍旧将李皇后尊为皇太后，并一直以礼相待，完成了自己的孝道。不论在李皇后生前还是死后，都没有追究她"密谋另立"的事情。真宗对其他几位"密谋另立"者也没有大动干戈，只是将李昌龄贬为"忠武军司马"，王继恩贬为"右监门卫将军、均州安置"，胡旦"除名流浔州，籍其家赀"。此外，真宗甚至还好生安顿了自己的哥哥，废太子赵元佐。史载，真宗的做法是"起为左金吾卫上将军，复封楚王，听养疾不朝"，元佐也在宅心仁厚的弟弟的庇佑下得到了善终。

真宗到底是个怎样的皇帝呢？我们可以这样概括，大宋的官员们之所以拥立他做太子，大概率是看到了他与太宗的众多不同之处。

真宗既然没有重罚他的政敌们，当然会更善待他的盟友们。他主要的政治班底，是太宗和寇准为他留下的。宰相仍由吕端担任。对于这位一手将自己扶上皇位的功臣，真宗表现出了极大的尊重。每次见到吕端，真宗都坚持"肃然拱揖，不以名呼"。而吕端的政治主张与太宗大相径庭，这位善于抓大放小的老丞相，主张稳定政治，无为而治。吕端辞去宰相之后为相的是李沆和张齐贤。李沆曾做过太子宾客，是真宗的老师。做了皇帝之后，真宗对李沆仍以师礼相待，每见必拜，一直很尊敬。

真宗在吕端、李沆等人的教导与帮助下，执政初期表现得相当勤勉，史载真宗："自即位，每旦御前殿，中书、枢密院、三司、开封府、审刑院及请对官以次奏事，至辰后还宫进食。少时复出，御后殿视诸司事，或阅军士校试武艺，日中而罢。夜则召儒臣询问得失，或至夜分还宫。其后率以为常。"

除了勤勉，真宗的为政风格更为柔和。太宗是一位比较强硬的皇帝，在太祖朝就积极培植自己的势力，又用绝对的实力继承了皇位，在登基之初就逐渐有计划、有步骤地消除异己、扫清障碍。而相比之下，真宗就柔和了很多。他信赖身边的臣子，尤其是太宗留下的老臣们，在为政上一直固守"祖宗家法"。在这样宽和的政治环境下，大宋的臣子们开始各显神通，而真宗的个性也相对懦弱，所以真宗时期，相权得到了逐步的增强，与太宗不一样，当真宗的意见遭到宰相的抵触时，他一般都先做出让步。

另外比起太宗，真宗会切实鼓励大臣们直言献策，做到了从谏如流。真宗即位不久,就告谕群臣:"自今人君有过,时政或亏,军事臧否,民间利害,并许直言极谏,抗疏以闻。"就是说,不论时政、军事、民事、任何领域发现皇帝有错,都可以进谏,上奏皇帝。这种鼓励臣子们进谏言事的做法,比太宗更有诚意,也更有效果。咸平三年(1000年)十一月,真宗又要求群臣"凡朕躬过失,时政有违,教令之阙遗,人情之壅遏,并可条上,毋或缄藏。言近讦者亦议优容,文不工者许其直致,其未预次对官,听封奏以闻。"真宗再次告诉群臣,自己有过错的话一定要有人出来指正,说者无罪,哪怕问题很尖锐,也不会开罪进谏之人。在这样的氛围下,真宗统治前期,他身边的谏臣提出了很多具有建设性的建议。

相比太宗,真宗对军事国防的政策偏于保守。太宗晚年开始,整个大宋的对外政策已经开始趋于保守了。真宗继承太宗"守内虚外"的对外政策,再也没有向辽主动发动战争,对待其他少数民族政权时,倾向于采取经济手段,尽量避免两军对垒。真宗满足于祖辈划定的版图,认为没必要向外扩张领土,安分守己即是尽责,他曾说:"祖宗开疆广大若此,当慎守而已,何必劳民动众,贪无用之地?如照临之内,忽有叛乱,则须为民除害也。"在真宗看来,太祖太宗两位皇帝为大宋划定的版图已经足够宏伟,做到谨守无失,已经是很不容易的事了,不用再费兵力去贪图无用之地,而自己统治的区域内有叛乱发生,那就需要认真对待了。

真宗前期,花费了大量的精力调整太宗以来的内外政策,整个大宋王朝日趋稳定,为社会经济发展创造了良好条件,百姓们迎来了更多休养生息的机会,大宋迎来了"咸平之治"。

这样的真宗,这样的大宋,注定不会像太宗那般需要"好刚使气"的寇准。远离开封的寇准也无法想象,在他远离期间,京城的一切已经改弦更张。

真宗对寇准的态度也十分矛盾:作为帮太宗定策将自己确立为王储、又协助太宗为自己留下政治班底的人,寇准当然功不可没;但是作为见证了太宗与寇准相处之道的旁观者,宽厚平和的真宗对寇准的性格是持否定态度的。他认为寇准太过难驯,难以与人和平相处,作为君主,他没有信心能够驾驭这样的臣子。

而寇准能再登上权力巅峰,源于北宋自开国以来第一次到了最危急的时刻——辽军南下攻宋,大军已经对开封形成了威胁。鉴于太宗时,宋辽之间发生的两次大规模战争都以大宋败北告终,真宗对解决这次危机缺乏足够的信心。此时,真宗的老师之———毕士安站了出来,向真宗推荐了寇准。

第四章 澶渊之盟

第一节 辽宋之变

　　咸平六年（1003年），外放多年的寇准，经过了艰难又漫长的等待，终于再一次被大宋的帝王所需要了。因为，大宋遥远的边陲发生了一件颇为棘手的事。

　　在西北，那个困扰大宋多年的李继迁又有新行动了。试想一下，如果让一个生活在当时的党项人去描绘李继迁，他会给听众呈现一个什么样的形象？他大概会这样描述——李继迁是党项族的贵族，在当权的贵族向宋朝投降时，李继迁站了出来，放弃了当权者给予的优渥条件，带领他的族人深入茫茫的荒漠，历尽千辛万苦，在宋与辽的夹缝里奇迹般地建立起了自己的政权，并凭借着超凡的智慧与宋辽两国周旋，在两大强国的夹击之下不断做大做强……但在大宋执政者的眼里，在大宋百姓的心里，这个李继迁却是个不折不扣的狡猾之徒，是一个屡次破坏大宋安稳局面的祸首。他的存在，像是卡在大宋西北边陲重镇的鱼刺，时不时就会搅动每个宋人的神经。

就在李继迁娶了辽国的义成公主，被封为西平王之后，这根鱼刺，已经变成了辽国手上的一柄匕首，让真宗及一众大臣更加忌惮了。真宗从没想过，要与他强势的父亲做同样的事——开疆拓土，给大宋扩张版图。真宗虽然也与众人一样清楚，燕云十六州乃是中原的屏障之地，但鉴于文韬武略的太宗两次北伐尚且没有夺回这片土地的事实，真宗更倾向于保持边境的原样。但他也没料到，一直遵循祖宗之法的自己，却要被迫丢掉部分从父亲手中接过来的疆域。大宋对灵州的救援持续了数年，最终还是失败了。而占领灵州对李继迁来说意义非凡。本来缺少兵员的党项部自此有了稳定的兵员供给，也有了相对而言比较大的一片根据地。

在东北，辽作为比党项人更棘手的对手，迎来了一位比李继迁更杰出的领导者——萧绰。这位辽国的太后，是我国历史上著名的女政治家、军事家，她摄政期间，辽进入了最为鼎盛的中兴之期。

萧绰出身显贵，为辽朝北院枢密使兼北府丞相萧思温之女，自小深受汉文化熏陶，辽保宁元年（969年）五月，年仅十六岁的萧绰被辽景宗耶律贤立为皇后。景宗幼时在政乱中因惊吓过度，故体虚气弱，时常卧床不起，萧绰便主理朝政。凭借天赋与才能，萧绰裁决辽国大事长达十四年。辽乾亨四年（982年）九月，景宗在游猎时崩于现今的山西省大同市城西的行宫，年仅十二岁的辽圣宗耶律隆绪即位，萧绰遂奉遗诏摄政，掌握辽的最高权力。辽统和元年（983年），萧绰被尊为承天皇太后，时年三十岁。自此，辽国开始了长达二十六年的太后摄政时期。在治理朝政期间，萧绰励精图治，依靠政治上的远见卓识和过人谋略，使辽迎来了鼎盛时期。萧绰重视人才，为了稳固政权，她任命韩德让、耶律斜轸、耶律休哥和室昉等智勇兼备之士辅佐朝政，革新了辽立国以来选拔官吏的世选制。她坚持藩汉并用，效仿中原举行科举考试选拔人才。她宽减刑罚，安抚百姓，下令奴隶主不得擅杀奴隶，解放奴隶，使他们变为平民，缓和了社会矛盾。根据辽人以牧为主的生产特点，萧绰倡导发展农业生产，农业、畜牧业的繁荣，促进了辽国经济的发展。她还对战场上俘获的战俘采取宽平政策，依据各民族生活习俗设置新的部落，辽国逐渐形成了一个平稳安定的社会环境。

而在宋人眼中，虽然中原已经有过武则天的先例，但女主临朝仍然是国家衰退的预兆。辽统和四年（986年），北宋雄州知州贺令图及其父岳州刺史贺怀浦等人相继向宋太宗报告辽"主年幼，国事决于其母，其大将韩德让宠幸用事，国人疾之"，宋太宗由此判断辽国危急，对辽发动"雍熙北伐"。但宋人不知，萧绰用兵作战很有谋略。辽景宗崩逝之初，她就把诸王宗室兵权全部收回到自己手中。在加强边防方面，萧绰也迅速采取了措施，圣宗即位后，萧绰雷厉风行，果断任命南院大王勃古哲总领山西诸州事；又任命战功卓著、智谋善断的大将耶律休哥为南面行军都统、南京留守，总管南面军务。

雍熙北伐时，宋军兵分三路出兵，萧绰带韩德让和辽圣宗亲征。萧绰以耶律休哥抵御东路宋军曹彬一路，又以耶律斜轸抵御西路宋军杨业一路，自己与辽圣宗在岐沟关大败曹彬军队，耶律斜轸派侍御涅里底、干勤哥活捉宋将杨业，杨业最终绝食殉国，萧绰下令将杨业的头颅割下，装入匣中，传送边关各地。辽军士气大振，一鼓作气挫败宋军，收复先前所失土地。此后宋辽之间的军事冲突中，萧绰都表现出了杰出的军事政治才能。辽统和八年（990年），李继迁向辽献上宋国俘虏，又派使者奏告大败宋军，辽派使者封李继迁为夏国王，李继迁与辽正式形成了依附关系，共同对抗大宋。

经过萧太后的不懈努力，辽的国力显著上升，李继迁攻陷灵州后，萧太后为辽做出了一个重要决定——南征大宋。高丽将辽国即将南征的消息告知了宋，真宗以及满朝文武虽然不愿相信这个消息，但很显然宋人都明白，辽宋间的积怨颇深，现在已经到了一触即发的时候，真宗也因此陷入了艰难抉择。

一方面，宋人是希望剿灭辽的。自大宋建立之日起，辽就是太祖、太宗两位皇帝决心消灭的敌人。只是鉴于大宋初立，辽国又有着燕云十六州易守难攻的地理优势以及强大的军事实力，未敢冒进。太祖时期，大宋一直在等待机会，想给这个宿敌致命一击，于是大宋当时并不主动发起对辽的军事行动，却也会对辽的军事挑衅给予坚决的打击。而太宗在继承大统之后，则一直期待着用战胜辽国来建立自己超于太祖的功绩。这个战胜，即使不是彻底消灭辽国的胜利，也至少应该夺回本属于中原的燕云失地。太宗的两次北伐，都是以收复燕云十六州为目的。雍熙北伐时，太宗正是看准了辽国景宗刚刚驾崩、年幼的圣宗继位,而实际掌握大权的太后萧绰年纪尚轻的时机,却铩羽而归,这次北伐在一定程度上改变了宋辽两国的攻守态势。

另一方面,真宗乃至整个大宋又十分忌惮辽。这个由擅长骑射的游牧民族建立的政权对自身军事上的自信,可比大宋对自身经济文化的自信。他们甚至以"打草谷"的方式大肆掠夺着边境上的宋民。所谓"打草谷",便是辽兵以牧马为名,对两国边境的宋民进行抢掠,辽兵将抢劫所得财物充为军饷,这甚至成为他们供养骑兵的方式之一。

随着辽国对中原文化学习能力的不断提高,两国之间在文化上的差异逐渐缩小,军事能力的差距却在不断扩大。面对辽强大的骑兵,大宋的步兵们本就不占优势,灵州陷落后,大宋与西北民族的联系被完全切断,彻底失去了最好的战马供应来源,对抗辽国的骑兵攻击变得越来越艰难。

萧绰采取的主动措施终于让真宗清醒了过来——大宋不能再这样被动下去了。他的身边的文臣,只擅长治理一个和平的大宋;他身边的武将,提不出更好的御敌之策。他忽然想到了寇准:虽为文臣,却曾经在宋与党项交战的时候穿梭于战场,为军队提供补给,还提出连太宗这样文武双全的君主都赞赏的制敌之策;另外,寇准对辽的强硬态度,也是现在朝廷需要的——朝廷总是需要一些不同的声音。

加上老师毕士安的推荐,真宗终于下定决心将寇准调回京城,这不是一个简单的人事任用问题,而是真宗对整个对外政策的反思。事实证明，真宗这次召回寇准，是一个无比正确的决定，他得到了丰厚的回报，而大宋的国祚也因此延长。

被召回京城的时候，寇准已经在地方上辗转了一圈，当时正是他在凤翔府任职的第二年。再次踏上回京之路，寇准依然没有过多的家当。和上次出知青州一样，处理政事之余，寇准的业余时间过得很轻松，与朋友、同僚夜宴欢饮是他最钟爱的事情。寇准每次外放到一地，从来不会购置私宅，更不会囤积田地。朝廷给的优厚的俸禄，他都会很快分给亲朋好友，或者当时就挥霍一空，虽为官多年，寇准依然是家无余资的状态。

虽然并无余资，但是寇准豪迈又追求奢华的秉性并未改变。有一个很好的证明就是他到邓州后，并未立下什么可为后世流传的政绩，倒是留下了一种先进的花烛造法。

前文已讲，寇准热衷夜宴饮乐，而夜宴最重要的当然是光线，能制造光线的无非油灯与蜡烛两种，油灯点起来会有油烟产生，不适合夜宴高雅的氛围。试想，舞姬们在乐师的伴奏下，跳着欢快的"柘枝舞"，当然只有喜庆的蜡烛才能与这种欢快的氛围相搭配。据《宋会要辑稿》，宋神宗年间，朝廷给予官员的奠仪包括"秉烛每条四百文，常料烛每条一百五十文"，由此可知宋代每根蜡烛的价格为一百五十至四百文不等，这相当于一个城市平民两三天的收入。而寇准为了方便自己夜宴，降低成本，发明了一种"邓州蜡烛"，使蜡烛的造价不再那么高，其技艺甚至超过了京城。

不过，点蜡烛的成本始终还是高于点油灯，一名南宋读书人"每夜提瓶沽油四五文，藏于青布褙袖中归，燃灯读书"，也就是说，彻夜点灯读书，也才耗油四五文钱。而通宵点烛，少说要三至五根蜡烛，即需要支出五十至九十文钱，是油灯成本的十多倍甚至二十倍。而当时盛传，寇准的家里，连厕所中都点着蜡烛，彻夜不熄。

于是寇准给别人留下了"性豪奢"的印象。欧阳修甚至对此有过一番专门的评价："邓州花蜡烛名著天下，虽京师不能造，相传云是寇莱公（寇准）烛法。公尝知邓州而自少年富贵，不点油灯，尤好夜宴剧饮，虽寝室亦燃烛达旦。每罢官去后，人至官舍，见厕溷间烛泪在地，往往成堆。杜祁公（杜衍）为人清俭，在官未尝燃官烛，油灯一炷，荧然欲灭，与客相对清谈而已。二公皆为名臣，而奢俭不同如此，然祁公寿考终吉，莱公晚有南迁之祸，遂殁不返，虽其不幸，亦可以为戒也。"欧阳修认为寇准对于蜡烛和夜宴的热衷，是"可以为戒"的不良生活作风。

寇准这种并不为大多数人理解的生活方式与当时文人雅士们流行的生活方式有关，也与寇准的人生态度有关。寇准为官从政的目标从来不是追逐金钱，而是为了实现政治抱负，金钱对他来讲只是身外之物，比起积累金钱、置办更多的家当，寇准选择用钱来愉悦精神，馈赠亲朋。

自邓州之后，寇准又辗转到过河阳军、同州、凤翔府。但寇准始终关注着大宋朝廷的局面。在寇准远离的这段时间，大宋的政治中心也发生了翻天覆地的变化：挫败王继恩更换皇位继承人阴谋的宰相吕端去世了，真宗的身边，渐渐出现了寇准并不熟悉的新的政治势力,比如咸平四年(1001年)被任命为参知政事的王钦若。此前与寇准敌对的势力也出现在真宗身边,比如直接导致寇准外放的冯拯。但寇准依然显示了足够的信心,此时整个大宋的外围,强敌环伺;大宋的内部,依然动荡,只有寇准能够处理好这个复杂的局面。这一点,真宗知道,寇准自己也知道。

寇准被外放第五年,即咸平四年(1001年),寇准因公事到四川出差,途中留下一首《过新井慈光院看海棠》:

暄风花杂满栏香,尽日幽吟叹异常。
翻笑牡丹虚得地,玉阶开落对君王。

诗中并未体现出什么幽怨,而是展现了对自己将来还可以面见君王、治理天下的自信。

而此时京城中,朝堂之上的人事布局开始发生了微妙的变化。咸平五年(1002年)五月,温仲舒向皇帝提出难以胜任开封府繁重的政务,又不肯外放做官,自请悠游台阁,遂以本官兼御史中丞,不久改任刑部尚书、知天雄军,又改知河南府。紧接着,真宗将寇准自凤翔府召回,命他权知开封,寇准得以再次回到权力中心。

这一人事变动中,温仲舒与寇准的关系十分值得寻味。两人早年间曾有一段关系尤为密切的时光,二人从任正言到枢密院副使的升迁过程,几乎是同步完成的,当年二人都颇有贤名,更是被合称为"温寇",直到寇准与自己的上司张逊在太宗面前争执不下,寇准引温仲舒为自己作证，温仲舒却并未表态之后，二人的关系"戛然而止"。但寇准出知青州一事，从制书上的理由来看，本身就十分荒诞，寇准从青州回到开封更是推动了太宗立储一事。整个过程在不到一年的时间里完成，这让寇准的外放看上去更像是一次太宗给他安排的战略后退。而本次寇准再次回京与温仲舒的退避，更显示出特别的"默契"。这会不会是两人的配合呢？

结论是：完全可能！

真宗奉行的"祖宗之法"中，在用人上主张采取"异论相搅"的策略，这种策略的核心就是使大臣们相互牵制。具体的办法就是使政见不一的大臣共处一朝，维持均衡。作为从太宗朝一同成长起来的官员，寇准、温仲舒二人对太宗的用人原则再清楚不过了。作为一手促成真宗继位的推动力量，二人也见证了真宗一步步成为统治者的全过程，适当利用真宗的用人策略达到自己的政治目标对温仲舒、寇准这样的大臣而言并不困难。而且在温仲舒身上，这样的配合并不是孤证。温仲舒与吕蒙正的相处模式就是又一力证。温仲舒与吕蒙正自幼就是好友，并于太平兴国二年（977年）同榜考中进士，吕蒙正高中状元，温仲舒为探花，二人同时踏入仕途。吕蒙正仕途一帆风顺，一直做到了宰相；温仲舒则宦海沉浮，举步维艰，在任秘书丞、知汾州时因事被罢黜，闲居多年。吕蒙正做了宰相之后，多次不遗余力向太宗荐举温仲舒，但在太宗重新起用温仲舒后，温仲舒却做出了让人难以理解的行为：只要有机会，无论是在皇帝面前还是在群臣之中，他总是对吕蒙正极尽诋毁污蔑之事。对于这些指证，吕蒙正总是一笑置之，并未过多计较。但二人因为这种奇怪的相处方式，都得到了好处——在吕蒙正的鼎力举荐之下，温仲舒仕途平顺了许多，先做右赞善大夫、睦州通判、右谏议大夫、枢密副使，后任秦州知州、户部侍郎、参知政事等职。而吕蒙正在温仲舒不遗余力的弹劾之下，不但赢得了"宰相肚里能撑船"的美名，反而更得太宗信任。而温、寇关系的微妙之处就在于，以寇准这样直接又尖锐的性格，对在关键时刻置他于不顾的温仲舒却从来没有微词，这种相安无事放在寇准身上显得十分不正常。

对寇准这次回京，真宗在朝廷内也做了煞费苦心的布局。对于这个帮忙将自己送上储君之位的大臣，真宗有着天然的忌惮——他的能力毋庸置疑，他的性格却难以驾驭，他的行事作风让初登大位的自己难以掌控。尽管真宗早就部署好了王钦若与冯拯，他还是希望让寇准这把双刃剑能在朝廷上更孤立无援些，才能放心地将其召回。于是，温仲舒退避了，以开封府政务太过繁忙为由，为寇准腾出了一个看起来孤立无援的位置。接着，真宗几乎不假思索地将寇准放在了这个位置上。寇准回到京城，第一件事肯定是要"收拾"温仲舒留下的"残局"。而此刻的温仲舒，已经又回到礼部去了。

不论这种关系是不是两人刻意为之，最终结果是，寇准回到了政治中心，尽管这里已经变得错综复杂，但真宗希望寇准能够起到对外扶大厦之将倾、对内实现制衡朝政的作用，把他视为将大宋带上正轨的一股决定性力量。

这一次回京后，寇准发生了一些变化。

第二节　京城风云

咸平六年（1003年），宋辽边境再起战事，辽军再侵高阳关，宋军副都部署王继忠又被俘降辽。而辽发起的挑衅仍在持续，似乎在为发动更大规模的战争做出试探，寻找借口。当真宗开始对朝廷布局做出相应调整，朝中持不同意见的各派官员，也渐渐划分出清晰的阵营。

这一年，真宗任命寇准为兵部侍郎、三司使。

身为大宋子民，寇准同情饱受战乱之苦的大宋百姓，站在这个角度上，他不希望宋辽之间战事再起。但寇准明白，为了完成太祖、太宗一统江山的遗愿，为了宋辽之间的争端永远平息，这场战争在所难免，甚至，他盼着这场战争快些到来，以一场彻底的决战来改变这种两国之间长期兵戈相向的局面。

而面对辽的频频挑衅，此刻的朝堂之上，深陷"异论相搅"权力牵制中的大臣们已经难以担负起为大宋带来和平的重任了，大多数朝臣寄希望于两国之间脆弱的平衡能够继续维持下去，这样他们就能够在短暂的和平中维持自己的权势与富贵，若战事一起，已经牢牢握在手中的权力与富贵便很难维系。而寇准，因其一贯对外强硬的政治主张以及他数年前为太宗谋划战事体现的才能，成了真宗攘外安内的不二之选。真宗有意让寇准为相，为了能够万无一失，他先任毕士安为参知政事，毕士安也推荐寇准为相。对于寇准，真宗和毕士安看重的，正是他在"断大事"上的卓越能力。自真宗继位以来，花费了几年时间巩固权力，用相对宽仁的方式扫清了威胁自己皇权的势力。他时刻关注着辽、党项、吐蕃、高丽等少数民族政权的动向，咸平初年，真宗在雄州设置了专门的间谍机构——机宜司。这个机构专门负责机密之事，掌管间谍人员名单，刺探各国情报。真宗希望能够快速理出头绪，给自己的国家赢得稳定的发展环境。

前文提到，在真宗朝，特别是吕端死后，大臣们已经形成了默契，不会单独为相，这是一种臣僚间的自发行为，因为只有独相才会出现权力失衡、威胁君权的局面。景德元年（1004年）七月，真宗最为倚重的宰相李沆遽然病逝。面对这样的局面，毕士安向真宗力荐起用寇准为相，他坚定地认为，纵观整个大宋，能够引领朝廷对抗辽国的，只有寇准一人而已。他对寇准的评价是："准天资忠义，能断大事""忘身徇国，秉道嫉邪……北戎跳梁未服，若准者正宜用也。"景德元年（1004年）八月，毕士安、寇准并任宰相。至此，真宗的对外政策格局基本明朗了——任用强硬的寇准就是最明显的信号。

寇准上任之后，立刻开始了对辽的作战布局。八月，寇准鉴于高丽送来的情报，上疏真宗请求加强对辽的防备，并力请真宗亲征辽国以示决心。九月，真宗召集朝中大臣商议亲征事宜。由于辽的行为仍属于小范围的挑衅，大臣们给出的建议比较一致，朝廷可以出兵，真宗也可以亲征，但具体何时亲征，御驾亲征到哪里成了争论焦点。一向稳妥的毕士安认为，真宗已然决定出兵，可以委派将领统军作战，不一定要亲征，就算亲征，也只需率兵驻扎在澶州。王继英等人则认为，皇帝可以先调动地方兵力，即使亲征，也不能超过澶州。

但作为统治者，这个决心并不好下。寇准希望自己成为贤相，真宗亦希望自己成为明君。如果能够开疆拓土，一举完成太祖与太宗未竟事业，收复燕云十六州，甚至灭掉辽国，那真宗的功绩必然会名垂青史，供后人顶礼膜拜。可如果这场战争给他带来的是一场失败，那他甚至无法想象自己要付出怎样的代价。战争带来的未知结果是令真宗担忧畏惧的。作为一个国家的统治者，这份畏惧更多地来自对国家人民、祖先后代的责任，而非个人胆量问题。如果真宗在当时就表现得孤注一掷，以整个国家和百姓的命运为赌注与辽决战，反而并不是成熟的统治者该有的表现。

澶州这个关系到大宋未来百年国运的地方被整个大宋官场前所未有地关注。澶州，宋代也称澶渊，澶州城建于后梁贞明五年（919年），凭借黄河德胜渡口夹河而建，修筑者在两岸分筑南北二城，称为南北德胜城，中间由浮桥连接。出于控制黄河渡口的战略考虑和需要，澶州城被设计成了由两个半圆中间夹着一条黄河的独特格局。守城者可以在这里囤积粮草、驻扎军队，因此战略意义十分重要，公元923年，后唐曾凭借德胜城作为攻打后梁都城开封的桥头堡，顺利灭掉后梁。后晋天福三年（938年），为防御辽军南下，统治者将澶州升为防御州，并把澶州治所由顿丘迁至黄河渡口德胜城，澶州之名也一并带来，从此德胜戍就成了澶州城。宋以后,澶州防御辽军的战略地位进一步提升。

"陛下,亲征之事宜早做定夺!那萧太后已经觊觎我大宋良久,若是能够先发制人,必能一举粉碎辽人狼子野心!"每次上朝,寇准几乎都要提醒真宗一次,口气不容置疑。寇准认为,既然决定出兵,那亲征之事也应快速推进,耽搁一日,便多一分危险。

"高丽小国信口雌黄怎可轻信?辽人纵使与我大宋对峙多年,若无侵犯实举,我方轻举妄动,岂不是挑起争端?"更多人选择观望,认为亲征的事,可以先等待辽军的实质举动,再从长计议。

"笑话!若待到辽人真有侵犯实举之时,敌人必然做好了充足准备,一旦兴兵便是倾全国之力,还会给我等喘息之机吗?"寇准在出兵一事上,从来强硬,不给侥幸之人留机会动摇真宗决心。

"即使辽军有意南下,我方派将领应对便可,怎能轻易让圣上以身犯险?寇大人如此轻易谈论亲征之事,将天子置于何处?将我大宋社稷置于何处?"在朝臣们看来,天子亲征一事实乃孤注一掷的冒险之举。

"我大宋社稷,自是千秋万代!太祖太宗皇帝都曾亲征御敌,扬我大宋国威,我大宋才能平定天下动荡,一统江山,让百姓安享太平盛世。当前党项与辽对我大宋虎视眈眈,大宋自上而下人心惶惶,唯有圣上亲征才能让周遭强敌明白我大宋不可轻侮!"朝堂之上,寇准强硬到底,对亲征之事据理力争。

"寇大人说得轻巧,亲征之事兹事体大,若高丽消息属实,此次辽国举重兵南下,无万全之策可保全圣上万无一失,岂能轻举妄动？"朝臣们也看得出这一战在所难免，但出于忌惮辽强大的军事实力，还是想以更加稳妥的形式化解这次危机。况且澶州并不适合大队人马长期驻扎，这是澶州城的局限所在，大多数朝臣难以下定决心与辽正面对抗，因为这不符合他们的既得利益。

"寇爱卿所说确实有理，但此事还需从长计议，军国大事岂能意气用事？当年先皇亲征伐辽，虽定下万全之策，却也无功而返，如今辽国兵力更强，我自认不及先皇文韬武略十之一二，兴兵北上之事更要慎之又慎。"寇准的自信并不能完全打消真宗的顾虑。

"即便圣上要亲征，也不可过澶州！此城尚有天险可守，一旦越过此地，无险可据，岂不等于将圣上送入辽人虎口？"

……

不仅朝堂众臣终日争论，整个大宋都笼罩在战争疑云的阴影之下，百姓们惶惶不可终日，有人盼着真宗能领导大宋一举大败辽国，也有人盼着真宗收回燕云失地，但刚获稳定、逐渐富庶起来的宋人多是盼着这场战争打不起来。所谓一将功成万骨枯，毕竟要在战场之上拼杀的人，主要还是普通士兵，遭殃的还是百姓……

相比犹豫不决的大宋，辽显得更加决绝。就在大宋朝廷还在商量真宗采取怎样的方式亲征的时候，萧绰大军压境，边境形势急转直下。此前，萧绰对宋辽双方的军事能力已经进行了细致的研究，最终根据辽军骑兵实力突出、善于远距离奔袭的特点，制定了"扬长避短，快速制敌"的进攻战略。辽太后萧绰与辽圣宗亲自率兵,以收复关南地区为名,以二十万大军挥师南下伐宋。九月八日,辽国出兵,一时间,大宋北部边疆多地出现军情。到九月二十二日,辽国大军已经攻至唐河(位于今河南省西南部,豫、鄂两省交界处)沿岸。其统帅顺国王萧挞凛率领大军一路南下,其间并不注重攻城略地,而是直指事先定好的军事目标。萧挞凛率辽军先向威虏军、顺安军发起攻击,遭到守将魏能、石普等拼死反抗。萧挞凛转而又率大军向北平寨发起进攻,守将田敏等也成功组织反击,辽军便绕道攻打保州、定州,又遇守将坚决抵抗。辽军并不恋战,又东攻瀛州,被李延渥击败。一路南下,辽军并没占到便宜,死者三万,伤者倍之,但始终保持势不可当的进攻势头。尽管辽军来势汹汹,但大宋军民表现得十分勇猛。辽军一路南下攻打州城,大多遇到军民顽强反抗。据记载,有个叫孙密的校尉,率领十余名宋军暗中侦察辽军动向,途中遇到辽军先锋,便在密林中埋伏下弓弩伏击辽军。他们待辽军骑兵靠近,先发制人,出其不意射杀十数辽兵,斩杀了辽军校官。类似战争轶事反映出辽军虽来势凶猛,但在大宋境内并未尝到什么甜头,反而四处碰壁。

在攻破遂州生俘了宋将王先知后,经过多次辗转,萧挞凛、萧观音奴二人率军攻克祁州,萧太后等人率军与之会合,合力进攻冀州、贝州。景德元年(1004年)十一月,宋辽之间的决战时刻终于来临了,辽军攻克德清后,又对定州发起了猛烈攻击,俘虏云州观察使王继忠,澶州面临着辽军的三面包围,李继隆依然死守澶州城门。

面对紧急的军情，真宗感到了恐惧，大宋内部开启了第二轮围绕亲征展开的争论。兵临城下，大宋朝廷内部却出现了更多的分歧。不仅有关于皇帝亲征的争论，更出现了逃跑的论调。甚至出现了关于逃跑目的地的争论——王钦若主张整个大宋朝廷逃到金陵。更有甚者，觉得金陵亦不安全，陈尧叟则主张干脆逃到益州，凭借蜀道天险阻碍辽军，换取生机。

"陛下，当今辽国狼子野心，妄图南侵我大宋，敢做如此孤注一掷之举，想必也是蓄谋已久。陛下乃真龙天子，天下苍生系于一身，切不可以身犯险。依臣看，陛下可南幸金陵，避其锋芒，待局势稳定后再图北归……"王钦若不敢在朝堂上与寇准辩论，便经常在真宗耳边提起这一话题。

真宗一改从前对王钦若的信任态度，并不急着表态，毕竟他自己是想要守住祖宗基业的，未经交战便逃至金陵，很可能引得天下大乱，这些道理真宗还是懂的。

"金陵与开封府并无区别，若辽人攻入开封府，又与金陵相距几何？陛下不若直接入蜀，益州之地自古便易守难攻，蜀道天险阻拦契丹铁骑最合适不过……"陈尧叟是成都人，因此干脆建议真宗逃往蜀地。

"再做计议，再做计议……"虽然寇准不在此处，但真宗深知，陈尧叟的说法无异于动摇军心，但真宗也明白，陈尧叟的担忧并不是他一个人的看法，朝廷上惧怕契丹铁骑南下的人不在少数，真宗自己也有些动摇。

为何前后两次争论差别如此之大？最主要的原因是辽采取的

军事行动完全出乎真宗以及大臣们的预料。辽军大将萧挞凛直奔澶州而来。而此地,距离大宋都城已经不过二百余里了。

纵观整个宋辽对抗的历史,如果要为太宗的两次北伐失败找出一个共同的原因,那就是对对方军事实力、战争策略等没有做过系统的研究与了解,但是对手却为战争做足了准备。从太宗认为萧绰与圣宗母寡子弱、对辽国有可乘之机开始,宋对辽的军事行动就少有大的胜利。这是战略层面判断错误造成的,仅靠优秀的武将在战场上取得局部的胜利,难以帮助大宋真正取胜。即便是寇准,也没有真正认识到敌人的可怕之处。在寇准眼中,辽不过是野蛮的少数民族而已,凭借大宋雄厚的实力,若能君臣一心、同仇敌忾,定能完成灭辽大计。但事实上,真宗虽然励精图治,大宋也经历了几十年的积累,经济强盛,国力雄厚,但想要彻底战胜辽国,仍然是十分困难的。

大宋的军事防线,真的那么不堪一击吗?当然不是。寇准心中无比信任此时前线作战的将领们——在历次抗辽战斗中屡立战功的杨嗣和杨延昭等人。正是这种信任,才让寇准觉得真宗御驾亲征一事并无太大风险。前线的将领们除了有着丰富的对辽作战经验,他们也将此次抗辽作战的思路与战略告知了寇准。杨嗣与杨延昭等人认为,辽大军孤军深入,已经犯了兵家之大忌,或许辽军的突袭能够在短时间内给大宋造成冲击,可一旦拖长战线,有了足够的作战时间,这场战争的胜负完全可能会是另外的样子。对此寇准深表赞同。因此,杨延昭上疏真宗,建议"饬诸军,扼其要路,众可歼焉,即幽、易数州可袭而取"——这些将领甚至在这次的战争中看到了收复幽、易之地的希望,但真宗并未采纳他的建议。现在的真宗,哪里还顾得上幽、易之地?开封府危矣!

造成真宗突然间对这场战役恐惧的另一个重要因素是寇准的处理方式。其实宋辽之间的这场战事,并不豫真宗想象当中的那样,辽军犹如神兵天降,以迅雷之势杀向开封。前文已述,辽军入宋后,遭到了层层抵抗,前方战事吃紧时,为了及时传递消息,战报也曾"一夕五至",但寇准并没有第一时间将这些战报呈送给真宗。他的搭档毕士安也纵容了他的做法,或许在毕士安与寇准这样的前朝老臣的内心,一直默默地将两代君王做着对比。在他们眼中,真宗应该像太宗一样,熟练地驾驭战争手段,给周围虎视眈眈的强敌们以颜色。真宗应该倍加珍惜自己父辈们打下的江山,最起码要在守护它的时候表现出足够强硬的态度和足够坚定的决心。寇准与毕士安等人都希望这位没有经历过大战考验的天子能够在这场战争中成长起来,迅速做出有利于国家民族的正确决定,以坚决的态度给辽军以迎头痛击,提振整个大宋的气势,甚至一扫之前燕云十六州的耻辱给整个大宋蒙上的阴影。

可从实际结果看来,寇准的计划相当于失败了。真宗并未如他所愿迅速下定决心,亲征反击辽军,反而开始动摇了此前的斗志和决心。寇准和真宗二人在对待外敌的态度上,也从此刻开始出现了分歧。真宗对大宋未来的预期,从此发生了改变。

但寇准并未及时意识到这一点,在真宗试探性地询问他对迁都这件事的看法时,寇准的"不解风情"和强势再一次显现出来。

前线忽然被破,发来不力战报的时候,真宗相当震惊,但很快,寇准便安抚好了真宗。而朝廷上大多数大臣的保守态度对真宗而言,更是无形的压力——当站在多数人的对立面上,还认为自己的观点应该坚持的时候,这个人要么如寇准般一贯孤勇,要么,大概率是持有了一个错误的观点。真宗是有过这种自我怀疑的,再联想到之前王钦若等人纷纷提出迁都逃跑的建议,真宗开始犹豫动摇了,他就此专门询问了寇准的建议。

"爱卿,关于迁都金陵或者益州之提议,你意下如何?"此时大殿里王钦若和陈尧叟二人也在。寇准知道,正是这两个人提出的迁都遁逃的建议,于是寇准决定借此机会向二人申明观点,也彻底打消真宗撤退的念头。

"是何人向陛下献此昏招,要陷陛下于不义?"寇准直截了当的逼问让真宗甚至不敢接话。

"陛下作为一代明君,必然不会有这样的想法,必不能轻易丢掉祖宗辛苦创下的基业,逃到金陵乃至益州偏安一隅。定是他人惧怕,以此蒙蔽圣听。"面对寇准的追问,真宗面露难色,话虽难听,但寇准总是能一语中的。

"说这话的人就该杀!"寇准怒目圆睁,口吻斩钉截铁,这是站在国家的最高利益上对不战而逃观点的完全否定,更是对提出这种建议的人做了最严厉的审判——说出这种话,无异于是出卖国家的罪人。寇准的观点不可谓不明确,寇准的立场不可谓不坚定。但他却非常粗暴地忽略了真宗的情绪和想法。如果提出这个建议之人该杀,那考虑过这个建议的真宗呢?是不是也因此被证明不是个合格的统治者呢？寇准的审判，在真宗心里已经形成了一个基调——与同为皇帝的太宗相比，自己在寇准的心里稍逊一筹。

寇准知道，亲征之事不可再拖，随即向真宗进言："陛下所见前方战报，不过短短几日之间发生的事，可见前方战况危急。所幸天佑我大宋，前方将士一心，若此时陛下能亲临前线，将士必将受到鼓舞，一鼓作气挫败辽国狼子野心！"

"臣也觉得，现在正是陛下北上的好时机。"毕士安的话，无疑让真宗下定了决心。

"好，便如两位爱卿所言，朕即日北上，御驾亲征！"

"陛下圣明！"朝臣异口同声表示赞同，虽然他们中的很多人心中仍然惧怕辽军，但也知道真宗此刻已经下定决心，无人能够阻止他亲征，也无人可以与寇准辩驳了。寇准强硬的立场和激愤的诘问都发挥了它们应有的作用，最终，王钦若等人灰溜溜地败下阵来，再也不敢提起迁都逃跑的事情。

"一应事宜便由寇爱卿安排吧。"终于做出决定，真宗也松了一口气。

"臣还有一事要陛下定夺。"寇准的目光看向一旁的王钦若。

"爱卿但说无妨。"此时，王钦若已经明白自己的处境并不乐观了，却也只能硬着头皮等待寇准的"发落"。

"天子亲征，实在是大事，前方需要信得过的肱股之臣先行打探，依臣看，王大人思虑周全，实在是先行宫的不二之选……"寇准提议，让最"关心"真宗安危的王钦若到前线去给真宗打前阵。

"臣愿为陛下效犬马之劳！"不等寇准说完，王钦若便主动接下差使，寇准并没有要求真宗治罪于自己，已经出乎自己的意料了；而且真宗既然已经决定亲征，此刻自己若再推脱，岂不显得贪生怕死，倒不如主动接下。寇准对王钦若这一举动倒是很满意，对他而言，这次与王钦若的较量不但大获全胜，还不需多费口舌。

"就按寇相所说吧，王爱卿，辛苦你了。"真宗并无其他意见，既然认可了寇准提出的亲征计划，那相关官员的任命当然由寇准做主。

但仇恨的种子已经在王钦若心里种下了，他的意见不被真宗采纳，反而被寇准指挥着真宗"委以重任"，这个仇，他迟早要报！王钦若因此被调往危机四伏的前线，以工部侍郎、参知政事判天雄军，提举河北转运司。真宗亲自设宴送王钦若先行后，也只得硬着头皮开启了亲征之旅。

谁也没有想到，真宗这次亲征，将改变宋辽之间的敌对格局。但是寇准对真宗的步步紧逼，也造成了两个最直接的结果。其一，寇准得罪了小人王钦若，这为寇准之后的仕途挫折埋下了伏笔。因为王钦若与寇准相比，是个不折不扣的狭隘之人，他将个人得失看得无比重要，自此他已经将寇准视为一生之敌了。其二，这给真宗造成了很深的心理阴影，真宗渐渐发现，寇准虽然是父亲留给自己的镜子，但自己可能不是真正的勇者——或许他可以选择不看这面镜子。

第三节 澶州之战

在辽统和二十二年，同时也是宋景德元年（1004年），经历了朝廷上下两轮的争论和内心无数次的挣扎，在寇准的"逼迫"之下，真宗终于离开东京，御驾亲征。随着这一决定尘埃落定，宋辽双方在军事上、心理上都发生了明显的变化。

寇准作为这次亲征的力主者当然知道，所谓御驾亲征，天子的作用更多在于体现朝廷对入侵者的态度，而不是要靠他披挂上阵，指挥全军。带着天子打仗，更需要做好万全的准备。于是，寇准早早开始了对战争的布局。

寇准通过之前的情报和与众多武将的交流，此时已经对前方战事了如指掌。他发现，虽然萧挞凛、萧观音奴等率领的辽军先锋在大队人马之前开路，但沿途一路受挫，众多战役中，只有萧挞凛成功带兵攻下了遂州，才使辽军的进攻显得并不那么一无是处。但寇准也渐渐意识到，辽军的主要目标并不在于攻城略地，反而更注重深入大宋境内的深度和速度，以至于常常遭遇败绩却并不恋战。在这样的战略之下，辽军不断扩大攻击范围——尽可能多地攻击军事目标，这意味着能够抢夺更多的物资，以战养战。九月，辽军进驻阳城淀后，又兵分东西两路，同时攻向瀛州、祁州。到了十月，辽东路军进攻至瀛州，久攻不下，与宋兵相持十余天后撤离。十四日，辽西路军攻下祁州。与此同时，辽在草城川、朔州、杨流渡等地的军事行动遭到挫败。而辽军依然一路向南，继续孤军深入，企图攻打战略意义更加重大的军事目标。因此，寇准得出结论，虽然宋军在军事行动上遭遇了短暂的失败，但只要战争的时间足够久，辽军早晚会筋疲力尽，慢慢丧失战斗力，成为悬于大宋内部的孤军，就像进入大宋肚子里的一块冰，虽然所过之处对大宋来说多有刺激，但终究会融化成水。这样看来，无论是整体军事力量还是经济实力都明显更有优势的大宋，一定会在长期的军事行动中取得成功。

针对辽军深入、双方互有胜负的状况，寇准提出让北平寨、威虏军等会同定州主力王超、魏能等部，一同东下，依靠城池之坚，据城而守，适当时候可主动出击；祁州、定州、瀛洲等边防重镇加强防御，待辽军力量减弱时便内外夹击；同时德清军、通利军加强工事，以遏制敌军继续南下，战时作为后勤部队，若战事不利，则作为最后军事防线；最后，他提出了关键一点：真宗须亲临澶州前线，号令诸军，以便各路主力会合，向辽军发起总攻。

寇准在将领的选择上也用尽了心思。这次，他起用了作战经验丰富的老将李继隆，作为追随太祖、太宗南征北战，立下赫赫战功的开国名将，寇准对李继隆的军事才能毫不怀疑，他认为，任用李继隆将大大增加宋的胜算。寇准任命其为驾前东面排阵使，并以其旧部葛霸为副使，西上閤门使孙全照为都钤辖（钤辖司中一种资深官职，钤辖司领一州或数路兵马，总其屯戍、营防、守御之政令），南作坊使（官职名）张旻为钤辖。石保吉则被任为驾前西面排阵使，以步军都虞候王隐为副官，入内副都知秦翰为钤辖。李继隆到达澶州后，便发现了双方在气势上的重大差别，节节胜利的辽军气势汹汹，而宋军始终显得士气低迷。而他也敏锐地发现，以当前澶州的城防并不足以抵御辽军的猛攻，况辽军以骑兵见长，其速度和杀伤能力对宋军的步兵具有压倒性优势。于是他在北城布下阵列，大力构筑防御工事，避免与辽军直接交战，有效地牵制了辽军骑兵的行动。

前文已介绍，澶州的地理条件特殊，是一座横跨黄河南北的军事重镇，分南北二城，中有浮桥相连，北城是战争前线，将直面辽国大军，南城则有黄河天险保障，相对安全。在辽占据了易守难攻的燕云十六州之后，澶州成了大宋最后的屏障，也是大宋得以拒辽的最后一道天险。李继隆作为经验丰富的主帅，面对气势汹汹的辽军，巧妙地避其锋芒，以守为攻，坚守各个重要据点，使辽军的尖牙始终咬不到宋军。李继隆甚至干脆下令清除战场附近的粮食房舍，使辽军在大费周章地攻下据点之后，也毫无物资可夺，毫无据点可扎，得不到持续的物资补给，极大地削弱了辽军势力，重挫其锐气。虽然宋军骑兵不占优势，但胜在武器装备是优于辽军的。在不少军镇附近，宋军都布置了强弩作为防御武器。而就是这一举动，为战争迎来了转机——辽军主帅萧挞凛等人自恃骁勇，仅率数十轻骑到澶州城下勘察地形，被澶州前线早已伏下的床子弩正中头部，萧挞凛因此重伤死亡。

萧挞凛的死亡对正处于胶着对峙中的宋辽双方都有着极大的影响，宋军士气大盛，而辽军士气大挫，甚至作为辽国实际最高统治者的太后萧绰都开始对是否继续这次战争产生了动摇。听闻萧挞凛等人死讯,她痛哭不已,并为之"辍朝五日"。此后,萧绰第一次产生了与先前不一样的想法——"将与宋战,挞凛中弩,我兵失倚,和议始定。"

即使寇准的策略在大多数时候都被证明是对的,宋军也取得了一些胜利,但真宗与朝廷中的大多数官员还是惴惴不安。二十五日,辽军攻陷通利军,形势再次危急。二十六日,真宗一行终于到达澶州南城。但真宗下达的第一道命令并不是反攻,而是令官兵破开黄河已经封冻的河面,防止辽军渡河破城。在这里,真宗再一次变得犹豫不决。此刻,整个大宋的朝廷都聚集到了这座军镇当中,大臣们都开始对这次亲征有了或多或少的怀疑——眼前,尚有一条黄河可以拖住辽军的步伐,为自己赢得逃跑的机会,倘若辽军真的过了黄河,那这小小的城邑就是整个宋王朝的葬身之所了。于是,大臣们的争论又开始了,不管是出于对大宋未来的考虑,还是出于对自身安危的考虑,真宗与他手下群臣们,再次有了临阵脱逃的想法。

这时,劝解真宗回避京师甚至直接迁都金陵的大臣变得多起来了。大臣们的惊慌使真宗更加举棋不定,再次萌生退意。

"寇爱卿,事已至此,朕当如何?"真宗希望,寇准能够放过他,至少让他远离前线,回到京城去,虽然真宗也知道这种可能性很小,但他还是忍不住询问。

"此刻军情危急,陛下万不可动摇,我大宋将士必能携天子之威,破敌于澶州。"寇准再次给真宗壮胆,而这一次,他的态度比当初在京城的时候更加严厉。

"这……寇爱卿所言朕自然相信,只是如今大臣们纷纷议论暂退之策,朕以为……"真宗终于决定把自己的真实想法与寇准说出。

寇准并未给皇帝说完的机会,有些粗暴地打断了真宗的坦白:"陛下,臣已言明,轻言撤退者当斩,其心可诛!辽国大兵来犯,此时辽军已经近在咫尺,即便是退去,您要退到何处去呢?此刻陛下若退却,只能让辽兵觉得我大宋惧怕辽国,我军定会乱作一团,而辽军势必士气大涨,攻势更加猛烈,又怎会轻易放您逃走呢?事已至此,您只有一个选择。那就是宁可向前迈出一尺,也绝对不可以后退一寸!一旦您开始后退,即使真的退到了金陵,辽军也会踏平金陵抓住您。"

见真宗仍然有顾虑,仍然在犹豫,寇准找来一人,带到真宗眼前,这人正是当时的殿前都指挥使高琼。当着真宗的面,寇准高声问高琼:"尔等深受皇恩,如今辽军压境,将以何为报?"

高琼不假思索地回答:"我等皆为武夫,无他长处,唯有以命相报,多杀辽兵,愿为大宋战死疆场!"

见高琼回答得慷慨激昂,寇准又趁热打铁说道:"那我再问你,众将士如今是不是都和你一样,已然做好了死战的准备,随时为陛下效命?是否有人愿意抛弃东京,逃亡金陵?"

"寇大人说得对!我等自知此战身后已无退路,唯有以死相搏!况且多数将士家中父母妻子都在京师,无人愿意将家眷都扔在京城而自己南下独活,如果陛下您要带着我们逃往金陵,那我只能在路上自杀以谢皇恩。如果陛下过河到澶州北城去，我等愿为陛下赴汤蹈火，攻破辽军并非难事。"

高琼继续劝说真宗："陛下已到澶州，若不亲临北城，那里的百姓和将士们就会感觉好像失去了天子庇佑，被大宋抛弃，内心惶恐，于战局不利，务请陛下亲临北城，以振军心！"

此刻真宗身旁的冯拯呵斥高琼道："大胆！一介武夫竟敢对天子如此无礼，你这是在威逼陛下吗？"

还不等真宗与寇准开口，高琼便反驳道："冯大人因学问卓著，位列两府，是国家栋梁。但现在敌军当前，却只能在此斥责己方将领无礼，除了撤退拿不出什么御敌之策为陛下分忧。这个紧要关头不让在下讲真话，难道您要赋诗一首来吓退敌军吗？"

"你……"冯拯一时间竟无话可对。

寇准内心对高琼的这番话赞赏不已，但还是打断了他们的争吵，转而再次鼓励真宗："高指挥使所言极是！陛下若不渡过黄河，不仅起不到震慑敌军的效果，且会造成我军人心不稳。如果将士们知道皇帝已经到了阵前却不敢前进，他们会更加惶恐不安，这样下去，势必贻误军机。况且我已经派王超领军队扼制了辽军左右两翼，北城虽为前线，但也是无比安全。此时不渡河，更待何时？"

"好，就依寇爱卿和高将军所言，所谓上下同欲者胜，朕今日既已到此，定会前往前线，以振军心！"

终于，真宗在高琼与寇准等人半是威逼半是安慰的规劝之下，下定决心渡河。他终于登上了澶州北城城楼，将士们看到了因皇帝到来而悬挂起的龙旗，受到了极大的鼓舞，他们高喊万岁，欢呼雀跃，数十里都能听见宋军将士的欢呼声、呐喊声……为了表示慰问，真宗还召见了李继隆与其手下诸将领，安慰鼓励这些将领，与他们共饮，给他们以赏赐。

毕竟上阵杀敌的事情，是由将士们负责的，到此刻，其实真宗已经完成了此次亲征的全部使命，寇准力主真宗亲征的目的也达到了。皇帝的出现，只为了向将士们证明一件事——打败辽军是整个大宋的统一目标，大宋的最高统治者对此矢志不渝。正如真宗所言，上下同欲者胜，这一次，大宋从统治者开始到每一个战士，真正做到了上下同欲，军队的战力大大提升。

接下来，真宗将所有的军事行动的指挥权交给了寇准，寇准再次作了一番动员，告诉诸位将士，只可进不可退，击退辽军，保卫大宋。将士们的血液已经沸腾了起来，他们英勇作战，将辽军数千骑兵斩杀大半，本来不容乐观的战局瞬间得以扭转。见此战况，真宗回到了行宫，将寇准留在城上继续指挥战斗。

此时的真宗仍然心有余悸，他不知道胜算到底有几何，便不时向身边人询问寇准的动向。

"寇爱卿在干什么，前方战事是否吃紧？"

"回陛下，寇大人正与杨亿大人欢宴饮酒。"真宗从侍从轻松的语气里再次获取了安全的信号，终于稍显宽慰。直到此刻，他才稍微放松下来，半问半答地告诉自己："寇爱卿既然这样有把握，我又有什么好担心的呢？"——单从寇准的表现来看，宋军凯旋好像不过是时间问题，辽军的威胁似乎不值一提。因为，寇准闲暇时经常与杨亿对饮，仿佛二人还在京中一般。战局似乎也向着好的方向发展着，谈笑间，宋军节节取胜，寇准的胸有成竹也让真宗的不安逐渐消失了。

不难看出，寇准是有意为之的，要用轻松从容的态度化解皇帝的恐惧。而寇准之所以敢这样做事，还是因为他对取胜有足够的信心，而这份信心来自他对这场战争的充分准备。

早前，寇准就曾下令召集广大百姓积极参与到对抗辽军的行动中来，给予官兵足够的爱护、犒赏，此外，他还加强了对民兵的训练，让他们负责地方治安的维护、军需补给的运送以及征集，甚至会让他们参与到外围作战当中。在景德元年（1004年），寇准就曾遣使臣携带物资慰问河北、河东的前线部队，给他们送去三十万两军饷，以补充粮草、军需等。在寇准苦心经营之下，大宋军队的兵力得到了极大的充实，后勤补给充足，兵源也逐渐稳定。此战前，对比孤军深入的辽军，宋军已具有众多优势，最大的劣势就是对辽军的恐惧心理，而寇准认为消除这种心理的最好方式就是让皇帝亲征，以最高统治者现身前线，来鼓舞军心斗志，所以寇准才会如此有把握地把皇帝"逼"到前线，又在战争前线与他人把酒言欢，做出轻松之状。

在寇准和一干文臣武将的统筹下，辽军逐渐出现颓势，事情如果按寇准预期的那样发展下去，或许历史上就不会出现澶渊之盟，甚至从澶州之战开始，辽国会走向衰弱，走向灭亡。但历史再次证明，寇准的估计是存在一定偏差的。这个偏差，主要存在于宋辽双方的战争意愿上，存在于真宗皇帝对战争的认识上，也存在于寇准对真宗的了解上。

真正让真宗克服恐惧而登上城楼的，并不是寇准的统筹布局，并不是寇准对战胜辽国的自信，而是皇帝对时局的无奈。这种违背自身意愿的选择导致真宗从未真正相信澶州之战最终会以大宋取得军事上的胜利结束，更莫谈借此收复燕云失地。真宗期待的只是马上结束这场战争，将大宋尽快拉出战争的泥淖，回到安稳的轨道上来，不论以什么形式、付出什么代价，他都能接受。

这样，就在寇准殚精竭虑地指挥军事行动，又费尽心思地让真宗放松心态的同时，真宗的补充计划浮出水面，解决此事件的另一关键人物即将登上历史舞台。

让后世宋人最为矛盾的一个盟约将由此诞生。此后，围绕着这个盟约的争论将一直持续。关于它的争论永远伴随着人们对几个关键人物的猜测与臆想，不管这几个人原本做了什么，又想要在历史里留下怎样的身影和记录。这些人除了寇准、真宗、萧绰……还有曹利用。

第四节　缔结欢盟

曹利用，这个隐藏在百官之中伴驾亲征的官员，起初并没有引起寇准的注意，可真宗委派了他一项秘密的任务——与辽国求和，签订停战条约。

辽国此次南侵，打的是收复失地的旗号，其真实意图也从来不是灭掉宋。军事行动还未开始前，便特地将消息透露给高丽，再由高丽转达给宋，便是希望能够恐吓宋，希望大宋由此惧怕而退，自己不费吹灰之力便可攫取利益。不料真宗竟然启用了强硬的寇准，着手组织军事应对之法。战争过程中，萧太后也一直希望能够与宋和谈，不过作为战争的发起者，辽更希望宋提出和谈的请求，这样于辽更为有利。于是，萧太后将目光放在了灵州降将王继忠身上，给王继忠封官，在王继忠放松后又跟他透露厌战之意，极言和好之利。王继忠也想顺水推舟，促成两国罢兵和谈，便遣人给边境守将石普送了密信，并让他转交给真宗。王继忠在信中表达了辽想要求和的想法，并请求自任双方和谈使者，他说道："臣尝念昔岁面辞，亲奉德音，唯以息民止戈为事。况北朝钦闻圣德，愿修旧好，必冀睿慈俯从愚瞽。"

与群臣商议此事时，毕士安等大臣认为辽军如今军事上受挫，想要和谈的愿望应该不假，可以考虑。真宗并没有怀疑对方和谈的真假，但提出了自己的顾虑。既然和谈的请求不是辽官方提出，那和谈时对方必然会提出不合理要求，真宗便对群臣提出了自己的底线，那就是大宋既有领地寸土不让，若是辽仍坚持要据有关南之地，便"治兵誓众，躬行讨击"，做好了与辽决一死战的准备。

十月二十六日，王继忠终于接到真宗手诏，让他协助推进宋辽和谈事宜。王继忠称辽已经在瀛洲屯兵，打算攻打大宋，关南地方，本就为辽国旧土，大宋恐怕难以在这个地方取得军事胜利。而真宗认为瀛洲一地，宋素来有备，无须担心。将来，朝廷会派遣曹利用为使臣与辽谈判，商讨停战事宜。在王继忠的协调下，宋辽双方开启了和谈。

所以，当寇准满心认为澶州之战将以宋军大胜为结局，继而开启燕云十六州的收复大业时，宋辽的和谈开始了。

这个荒唐的局面让寇准想起了之前毕士安写给自己的信。毕士安在信中告诉寇准，皇帝已经备好了兵马，但并未马上采取军事行动，他认为皇帝并不是犹豫不决，而是心里已经定好了大致的行动方略……直到此刻，积极推动真宗亲征的寇准才真正弄明白真宗心中所想。真宗心中的首选方案是和谈，而且早已定好和谈人选，只待战争稍有转机便会与辽展开谈判，至于战争，只是增加谈判筹码的手段。

而此时的萧绰，也开始盘算起怎样结束这场实际上并没有占到什么便宜的战争，眼看自己带来的这支军队，经历了多日征战，已经变得疲惫不堪，主将萧挞凛死后，军心便已动摇，而大宋皇帝亲临前线之后，辽军更是频频失利。萧绰看着前有堵截、后粮不继的局面，不禁陷入了深思：即使有再多的不甘，即使对这个富足、强盛的国家有着再多的贪恋，但此刻，是时候结束这场战争了，再拖延下去，辽国危矣，而眼前结束战争最合适的办法就是谈判。

景德元年（1004年）十一月二十八日，双方开始议和。曹利用与辽国使者韩杞来往于两国之间，终于在十二月初达成议和协议。因澶州名澶渊郡，史称"澶渊之盟"。

谈判之初，两国各自表达了自己的政治诉求。韩杞带来了萧绰的诏书。辽国认为，他们发动此次南征的军事目标在于收复其"关南故地"，否认了这场战争是对宋朝的侵略，进而表达了和议的条件，要求宋将"关南故地"归还辽国。对此，真宗当然不能认同，关南之地毕竟是自己的父辈辛苦得来，早已在宋朝版图下多年，怎能轻易"归还"？于是便征求大臣们的意见："朕最担心的就是辽对关南之地心存不轨，如今最令人担心的事情还是发生了，众爱卿可有办法解决？"

由此可见，真宗的担心与寇准的目标还是有很大出入的。寇准想要借助军事上的优势拖垮孤军深入的辽军，进而继续扩大宋军优势，最终目标乃是收复燕云十六州。作为中原正统，虽然真宗不曾觊觎辽国土地，但将本该由中原政权统治的土地拱手让给外族，这是当时的宋人难以接受的事情，也是真宗绝不能接受的事情。

"关南之地偏远，其地之民多与辽人来往，陛下不如答应下来，也可为我大宋除去一祸……"朝廷之上，比真宗还急于结束战事的大臣们倒是豁得出去。

"不可！朕从太宗手中接过祖宗基业，怎能轻易将本国土地轻易赠予他人？朕已言明，如果辽国再对关南之地有所企图，我一定会与他们决战到底！"真宗对收复燕云十六州一事闭口不提，仿佛石敬瑭给整个中原留下的隐患，他不曾在史书上见到过，太祖、太宗收复燕云的决心他也不曾知晓。真宗接下来的话，又让寇准大吃一惊。

"虽然土地归属毋庸置疑,但作为补偿,宋可以每年给辽国一些钱粮,弥补辽国的这部分损失……这是朕看在辽国人常年居住在贫瘠的北方,生活得太辛苦,同情他们的遭遇而为之,大宋每年赐予他们少量的财帛,就足以接济这些游牧民族了。而我大宋边境,也将得到安宁。"真宗为了维护中原正统一朝之主的体面,还不忘叮嘱,"答书上不必详写财帛的事了,就让曹利用口述给韩杞听吧。"

起初,寇准根本不想让曹利用去与辽方谈判,认为以如今宋辽的军事形势,和谈本来就没必要,还想着与真宗商讨采取进一步有效的军事措施,来击退甚至是歼灭辽军,但真宗再也不肯把这场仗继续打下去了。

寇准发现真宗想要与辽和谈时,本能地想要阻止真宗。"陛下,此番征战,我们应该趁辽国军心涣散,又深入我大宋为孤师之机,一举将辽军击溃,直取燕云,只有如此,才能保我大宋百年和平。不然,待辽恢复元气后,必然再次兴兵犯我边境。"

"爱卿多虑了,此次战争,乃因我大宋准备不足;此番和议达成之后,可以多做准备,巩固城防,制订更加完备的克敌之计,再图破辽。当前,战争再不能继续下去,两国边民生灵涂炭,两军将士血染疆场,实在是我不想见到的场景,朕意已决,寇爱卿一番良苦用心朕自是明白,只是莫要再提交战之事,当多考虑谈判事宜。"

"寇大人,老臣认为陛下所言极是,还是尽快结束战争,让天子还朝,还天下一个太平吧。"从京城刚赶到的毕士安也劝说寇准放弃继续征战。

真宗从东京出发时，毕士安因病没有随行，待病情稍减，他便赶来真宗身边，此时，毕士安变成了真宗和谈的支持者。由此，寇准深知，真宗已经确定要用和议的方式结束这场战争了，这个话题再也没有继续下去的必要了。既然真宗已经按照自己的意愿亲临澶州，宋军也取得了一系列胜利，有了和辽国谈判的资本，那么如果能在和谈中争取到更多的利益，早日实现和平，并不是一件坏事，也是自己的一份功劳。

于是寇准对于和谈提出了自己的想法。

"依臣所见，和谈也不是不可，但要辽国向我大宋称臣，还我燕云十六州……"寇准要求让辽国称臣，并归还幽、蓟土地，否则宋军仍会与之决一死战。他认为只有让辽国惧怕，以萧绰为首的辽政权才会放弃对中原的觊觎，才能保证大宋边境无战事。

但这样苛刻的、不切实际的条件别说辽人，真宗自己便不肯答应。"若辽提起关南之地又该如何？当务之急，乃是停战，切不可让两国百姓受战乱之苦！若能停战，我大宋每年给辽人一些费用也不是什么难事……"真宗对和议的想法是损失一部分大宋利益，换来停战，停战才是真宗最终的目的，他生怕自己提出的条件过于苛刻，早早划定了谈判底线，只要对方不提出领土要求，其他条件可以接受，所以寇准的想法自然无法实施。

虽然如此，寇准并未放弃为大宋争夺更多利益。十二月一日，曹利用再次向辽营进发，宋辽之间的新一轮谈判开始了。此次出发前，寇准偷偷见了曹利用，将真宗划定的底线做了修改。

寇准面色沉重地问曹利用:"曹大人此番和谈事务繁重,寇准本不该打扰,只是陛下曾命寇准统领对辽之事,准还是要向曹大人请教,不知此次和谈,曹大人愿以何种代价换来两国之和平?"

曹利用已经得到了皇帝的旨意,便回答道:"此等大事微臣不敢擅作主张,陛下以为,如果能够止息兵戈,可以接受每年金帛数一百万。"

"笑话!陛下只是体恤辽人,百万之数怎可当真?这真金白银不从曹大人手中所出,是从陛下和天下百姓手中而来啊,自然越少越好,曹大人真是糊涂啊!"寇准明知这百万之数确是皇帝所言,但他内心对和谈是反感的,百万之数在他看来实在是难以接受。

曹利用有些不解,但也知道这个数字并不是不可商量的,具体多少还是要看自己的能力,他想了想,回寇准:"寇大人爱国爱民之心天地可鉴,微臣愿竭尽所能,不知八十万可否?"

寇准闭上眼睛,摇了摇头,并未回答。

"六十万!"

寇准依然闭目摇头。

"五十万,寇大人,不可再少了!"曹利用的语气中带着哀求。

这时,寇准猛地睁开眼,用毋庸置疑的语气给曹利下了一道死命令:"如果曹大人使和议的数额超过三十万,寇准绝对倾自身所能,杀曹大人!"

曹利用架不住寇准的气势，咬着牙说："微臣定不负陛下和寇大人重托！"说完，便带着手下前去谈判。

曹利用也许是受到了寇准的压力，也许是认同寇准对辽国的这份强硬决心，在辽营中，充分发挥了自己的外交才能，机智地化解了辽以"关南故地"为说辞的陷阱，继而说："北朝既兴师寻盟，若岁希南朝金帛之资以助军旅，则犹可议也！"

"今兹引众而来，本谋关南之地，若不遂所图，则本国之人负愧多矣！"辽使想以主场优势压迫曹利用就范，再次指出辽军还未达成收复关南的军事目标，想要威逼曹利用答应自己的条件，不料曹利用却并不上当。辽营之中，曹利用丝毫没有惧怕的神色。

"禀命专对，有死而已。若北朝不恤后悔，恣其邀求，地固不可得，兵亦未易息也！"曹利用不但没被对方压制住，还不卑不亢地与对方据理力争。他将生死置之度外的态度也让辽人意识到，宋人并不怕死，亦不惧战。萧绰与辽圣宗不得不重新考虑谈判的方向。

几经周折，双方于十二日达成一致。

"澶渊之盟"的内容主要有四点：

一是宋辽约为兄弟之邦，宋真宗尊称萧绰为叔母，辽圣宗尊宋真宗为兄，宋真宗称辽圣宗为弟；

二是北宋每年向辽提供"助军旅之费"，即"岁币"——绢二十万匹，银十万两；

三是以白沟河（巨马河）为界河，沿边州军，各守原有疆界，两地人户，不得交侵；

四是双方不得加筑城隍，改移河道。

十二月十九日，真宗终于回到了京城。对于这次谈判，真宗起初是十分满意的。能够从凶险的战场毫发无损地归来，真宗就已经将其定义为"凯旋"了。加之守住了关南之地，真宗已然觉得自己终于是无愧于祖宗基业了。在寇准看来，尽管与自己的预期目标相差甚远，但能够将真宗毫发无损地带回，平息了建国以来辽发动的最大规模的入侵，又在谈判中将损失降到了最小，换来了和平，实属不易，也算是喜事一桩。

这种祥和的氛围之下，朝廷上下一片欢腾，寇准与真宗的君臣关系也十分融洽。澶渊之盟作为化解军事危机的正面典范，也被朝廷内外广泛称颂着。

只是，当危机过去，人们总是习惯于事后诸葛亮地想出更多更好的解决办法，来攻击当时的那个解决方案以及提出解决方案的那个人。这样的做法，不仅在官场上常见，人类在反思历史的时候，也经常会陷入这样的困局。我们经常可以听到类似的论调：假如韩信自立为王、假如诸葛亮北伐没有那么频繁、假如李隆基防范着安禄山……可当我们站在当时的形势中去思考问题的时候，才会真正明白，当时做出的每一个决定都十分不容易，尤其当每一个决定都关乎国家命运，关乎百姓生计的时候。

在当时，辽国还站在大宋的对立面上，每一寸土地，每一笔流动在两国之间的金钱，可能都代表着局部利益的牺牲和对某个个体的剥夺。澶渊之盟后，大宋输送给辽国的财富，便是辽人对宋人的剥夺。但当历史足够久远，不论是辽国、党项还是吐蕃，早已同大宋的血脉紧密融合，变成了中华民族的一部分。我们会发现，这一笔笔的财富，从来没有消失过，伴着整个中华民族的发展，它被积累在了我们波澜壮阔的历史当中，变成了智慧、知识、文化等等诸多难以用金钱衡量的财富。

即便这样，我们还是有必要探究一下宋人以及他们的后代对这个盟约的看法。盟约达成后，宋人举国欢庆，对于普通百姓来讲，没有什么比和平更珍贵的了。但参与这个事件的其他人对这个盟约的看法，却是随着时间推移而变得越发复杂。

首先是真宗，他对这个盟约的看法经过了几次重要的改变。盟约缔结之初，真宗曾经短暂地觉得，这是一个君臣齐心、上下同欲创造出来的外交杰作，他厌极少的成本保全了大宋，保全了自己的统治。因为配合着整个国家的重大军事行动，真宗做到了自己父亲没有做到的事——达成与辽的和平条约。作为一个将守住祖宗基业作为政治上的追求的统治者来讲，这种和平的方式既能让百姓获得更多安居乐业的机会，也守住了父辈打下的江山。

但这仅仅是条约缔结初期，再过一段时间，真宗对这个盟约的看法发生了很大的改变。随着"城下之盟"说法的出现，这个一直在强势的太宗压抑下、臣子们的限制之下成长起来的统治者，将"澶渊之盟"看作一个禁忌词，提到这个词，他会自然而然地想起自己与父辈在军事能力上的差距，也会因为燕云十六州的问题并没有真正在自己手上得到进一步解决而感到遗憾，更有人会因为每年向辽国提供的岁币而质疑自己的整个对外方略。所以站在真宗的立场上，他当时的光辉成就，随着时间的推移，一点点变成了政绩的污点，他甚至费尽心力，用更荒谬的行为来试图弥补这个污点给他带来的各种影响。

站在寇准的角度上，其看法变化则是一个相反的过程。条约签订之初，及这个条约即将横空出世之时，寇准对它是失望的。寇准本来想要的结果是通过带领真宗亲征，让战火淬炼出一个更加英明果敢的君主来。但随着盟约的签订，寇准发现，他最初的目标只实现了一小部分，条约里的大部分内容，让他发觉了自己与真宗之间在对外战略上存在的巨大差异。寇准希望大宋能够沿着太祖与太宗设计的蓝图，一步步完成一统天下的目标，但真宗显然不是这样打算的。在自己的理想与真宗乃至整个朝廷的意愿之间，寇准选择了妥协，选择了为既定之事争取更多利益。但很快，这个盟约变成了寇准乐于纳入自己功劳簿的一项重要成就——作为给这份并不沉重的盟约打下谈判筹码的朝廷重臣，他"出将入相"的成就，翻遍中华几千年历史，也很少见。以一介书生之力，平定国家边患，又在关键时刻给予外交使臣压力，把大宋的损失降到极低，这个成就，足够寇准自满一生了。

除了这两人，这份复杂又神奇的盟约，在不同人眼中还有着不同的意义，比如被寇准定为"该杀之人"，又被送到战场之上的王钦若。

为了对付自己的政敌寇准，王钦若逐渐将澶州之事变成了挑拨真宗与寇准君臣关系的有力武器。它的存在，让寇准与真宗二人短暂的蜜月期很快就结束了。因为王钦若不断提醒真宗,应该换个角度看待这个事件,换个角度看待寇准。

但在此之前,寇准因为这份功劳,被推向了他政治生涯的最高峰——景德二年(1005年)十一月,寇准以同中书门下平章事,加中书侍郎兼工部尚书。

第五章 仕途之巅

第一节　真宗还朝

在河南省濮阳城内御井街西侧，有一块布满历史痕迹的石碑，上面刻着一首诗：

> 我为忧民切，戎车暂省方。
> 旌旆明夏日，利器莹秋霜。
> 锐旅怀忠节，群凶窜北荒。
> 坚冰消巨浪，轻吹集嘉祥。
> 继好安边境，和同乐小康。
> 上天重助顺，回旗跃龙骧。

这块碑就是著名的回銮碑，碑文为宋真宗所赋《北征回銮诗》。相传,在班师回京之前,宋真宗曾赋此诗以志这次亲征胜辽之事,又命寇准书丹,字大如掌,苍劲挺拔,镌石于城内,是宋辽之战和"澶渊之盟"的见证。

景德元年(1004年)冬,真宗的銮驾在瑟瑟的北风中浩浩荡荡地赶到黄河边,经历了激烈的澶州之战后,宋辽双方终于达成一致,立下了澶渊之盟。真宗终于完成了这项他既不想接受,又不得不完成的任务——千辛万苦地守住了祖宗基业。

达成盟约的消息很快从澶州传回京城,并立刻传遍了全国。百姓们奔走相告,举国上下都沉浸在免于战火的欢乐气氛当中。不论什么时代、什么原因,每次战乱中受苦程度最深的都是百姓,当和解的消息传开之后,整个大宋都从恐惧、紧张的氛围中长舒了一口气。

比起骁勇善战的辽国人,中原人更惧怕战乱,这不是简单的贪生怕死,而是中原的农耕文明天然就比草原文明更渴望稳定的发展环境。漫长的社会发展历程当中,中原地区的生产方式早已变得多样,除了耕种,还出现了更加复杂多样的社会分工,大宋的手工业、商业都已经十分发达,相比于游牧民族倾向于用战争、掠夺手段来解决问题,五代以来饱受战乱之苦的中原人民,迫切渴望能够通过和平的方式来解决国家间的争端。大宋遭受战争之苦重于辽国,大宋子民的厌战情绪也比辽国百姓更甚。澶渊之盟后,大宋朝廷迫不及待地采取一系列措施安定边境秩序,巩固和谈成果。

景德二年(1005年),真宗派遣度支判官周渐作为使臣出使辽国，为辽圣宗庆祝生辰。此后逢辽国主、国母生辰及新年，大宋都会派出生辰使或正旦使送去贺礼。而辽也会派出使臣来大宋庆贺承天节（宋皇帝生日），此后，宋辽初期无定例的使节往来逐渐演化成一套较为完备的礼仪制度。这种制度对宋辽使节往来之人数、规模、使节地位、频率，甚至对互赠的礼品和劳赠对方使节的物件都作了严格规定。就这样，原本剑拔弩张的两个政权用使节朝贺的方式实现了及时沟通，以消除分歧，达到真正意义上的和平。这为宋辽双方的社会发展和经济文化交流创造了条件。辽国早就采取一系列鼓励民族融合的政策措施，而大宋终于开始在这段关系中放下了高傲的身段，试着与辽人共处，这也让辽人感受到了诚意。此战之前宋辽边境时开时断的互市，终于在澶渊之盟后稳定发展起来，如雄州、霸州、涿州、新城等地开始重新设立榷场，百姓在这里互市贸易，此后百年不绝。辽国的经济文化在这种背景下终于得到了充分的发展，北方少数民族在此后的时间里渐渐主动融入中原文化中，而大宋获得的最大利益，就是百姓和皇帝都向往的东西——和平、安稳。

除此之外，大宋还加强了边境安防，采取了更多措施以保证边境安宁，如规定不得滋扰生事、严禁边民越界抢掠等，还主动修改了边境地区一些地名和军队名称，以免伤害辽国的感情，如平虏寨改为肃宁城、破虏军改为信安军等。

被回銮队伍簇拥着的真宗，坐在华贵的轿辇当中，虽然明显能够感觉到身边官员、将领、士兵们的喜悦，心情却无比复杂：当初寇准定下的战略目标是一口气打过黄河，收回燕云十六州……这种压力,从真宗到达澶州前就没有停止过,寇准带他来到战场前线,又通过将士、近臣向他施压,以坚定他与辽交战的决心。直到毕士安从开封赶到澶州,才制止了寇准的进一步施压。盟约达成的全过程,都有寇准的痕迹。如今,真宗自己都不知道要怎样面对和评价这件事。如果说是失败,那他这个皇帝难辞其咎,但他不甘心,亲征前,真宗让自己的弟弟雍王元份坐镇京城,他甚至做好了最坏的打算。虽然没能收复失地,却也没丢失寸土,仅以区区岁币换来和平发展的宝贵环境,纵使对方是太宗认可的寇准,也不该再提出什么异议了。但如果说是成功,真宗却也不能安心。比起自己这个当朝皇帝,寇准对这件事的功劳却是有目共睹……

尽管真宗心境无比复杂,却还是为平息了一场战争感到高兴。回京路上,看到欢欣鼓舞的百姓们,复杂的心境也变得不再重要了。他确实不似伯父与父亲那样拥有卓越的军事才能,可以靠战争平定天下,取得大宋江山。但作为皇帝,真宗觉得自己比太祖太宗两位皇帝更懂得与民生息,或许自己正是更适合大宋现状的皇帝。

同样沉浸在达成和平协议的喜悦中的,还有寇准。这次护驾亲征,寇准是做了万全准备的,他对宋辽双方的军事实力做了系统分析,如果上下一心,宋军取胜的概率很高。可寇准还有一件事估计不足,就是自己与真宗的"上下一心"。寇准是太宗一手提拔起来的,做事风格受到了太宗深刻的影响,太宗一生将收复燕云十六州作为自己的目标,曾两次举兵北伐,希望能够成就统一霸业。在太宗的影响之下，寇准也继承了这个战略目标，对于寇准而言，太宗北伐不成功的原因显而易见，其一是当时大宋立国时间不久，百姓还未得到足够的休养，国家经济实力也没有得到足够的发展，军力也还没有得到更好的提升。其二是两次北伐失败后，太宗已老，对于战事自然力不从心，更何况太宗生命后期受伤病影响极深，已无力处理军国大事。但到了真宗一朝，上述原因都已消失了，此时正是完成太宗遗志的最佳时机。于是寇准踌躇满志，希望凭此一战解决宋辽问题。可这仅仅是寇准单方面的想法。

真宗在继位之前就见识了太宗的狠辣手段，自己的叔叔、哥哥们都因为不够安分守己被太宗无情清除，他能被太宗选中，就说明了在他的性格中，安分守己的成分更多。所以纵观真宗一朝，真宗对太祖、太宗留下的做事原则、制度规矩都毫无逾越之举。这既可以理解为没有破坏规矩，也可以解读成没有突破某些限制。这样的一位君主，又怎会有开疆拓土的野心与魄力呢？真宗身边的大臣，也多为太宗留下辅佐他的，很多人在真宗继位之前，就是真宗的师长，对于这位帝王，他们更倾向于保护与教导。在当时的大宋，文臣们被给予了充分的尊重，这虽然使整个宋朝名臣辈出，但也自然会在一定程度上削弱皇权。强势的臣子们希望这位被他们精心保护、悉心培养的皇帝平安顺遂地统治国家——至于建立可以名垂千古的功业，那往往与铁腕统治有着极大的关联性，这并不适合宽厚的真宗，也不适合高雅的大宋。于是，当时朝廷上下，能够与寇准一心的人屈指可数，而关键的是，这些人里面并没有皇帝。

对寇准而言，虽然这次达成盟约自己功劳重大，但他自知，有一件事他必须要做，还要做得无比虔诚、及时——向皇帝请罪。

"大年（杨亿字），为兄有一事相求，还望你切莫推辞。"寇准唯恐自己做不好这件事，特地找到深受真宗赏识的杨亿。

"寇兄何必客气，只要在下能效劳，寇兄尽管吩咐。"

"若论纸笔功夫，贤弟可称当朝第一人，圣上最喜欢的便是你的文章了，贤弟可否为为兄代笔一篇？"

"寇兄要写什么文章？亿自当全力以赴！"

"好！有贤弟这句话，此事便成了！"寇准谨慎又神秘的态度反而让杨亿摸不着头脑了。

"寇兄到底要写什么文章？"

"请罪奏疏。"寇准坚定的表情让杨亿有些捉摸不透。

"寇兄此次立下如此大功，何罪之有？若是你也要向圣上请罪，那我等如何自处？"杨亿虽然在真宗身边多年，深受真宗赏识，却是个没有多少心机的人，此刻寇准的请求，让他十分不解。

"贤弟此言差矣！我寇准何功之有？宋辽能够结此欢盟，全仗陛下雄才大略，将士们浴血搏杀，寇准只是做顺水推舟之事罢了，以后人前切不可再提我的功劳了！而寇准此次随驾出征，对圣上多有不敬之处，虽圣上天恩浩荡，不与我计较，但为人臣子，仍要自述罪过。你只管为我写下请罪奏疏便是。"寇准态度坚决，杨亿也明白了其中道理，按照寇准的吩咐，写下了请罪奏疏。

真宗还没从劫后余生的庆幸与恐惧中回过神，就收到了寇准的请罪奏疏。奏疏中，杨亿代寇准向真宗请罪，言明自己在此次的军事行动上没有完全听从真宗的安排，违背了朝廷的礼制，僭越了君臣的礼仪，这种自作主张的行为有悖为臣之道，请求真宗治罪。

为什么请罪呢？整个事件的亲历者们都知道，论功劳，没人可以比肩寇准，但大家也都知道，整个事件的过程中，寇准的一系列做法确实严重挑衅了真宗的皇帝权威。寇准力谏真宗亲征之前，王钦若等人曾提出迁都的建议，不论是逃往金陵还是入蜀，这些不战而逃、看似荒谬的提议实则是为了迎合真宗寻求避战的心理。他们的建议，看似懦弱荒唐，实则是为臣最聪明的选择：如果被否决，则可以充分彰显真宗的英明神武、要与辽抗争到底的决心；如果被采纳，又给真宗逃避战事提供了一个台阶，替皇帝接下了惧战的罪名，真宗所做的也不过是从谏如流而已。

而在整个事件当中，寇准这位颇具性格的铁相并没有充分考虑真宗的意愿，他所做的与王钦若等人做的截然相反，寇准的建议显得不容置喙，哪怕对方是皇帝——真宗如果采纳寇准的建议，将会直面战争，将自己乃至大宋的命运陷于极大的危险之中；如果不采纳寇准的建议，则会将自己的胆怯暴露无遗，受天下人嘲笑。寇准将这样两难的选项放在真宗面前，引起真宗的不满也在所难免。作为一个已经在官场"混迹"多年、有过两次贬谪经历的资深官僚，寇准自然明白皇帝的心情，他希望趁着刚刚得胜返回东京，皇帝心情大悦、朝臣满堂欢喜的时机，主动请罪，弥合君臣间的这次分歧。即使寇准和真宗都知道，这不过是君臣间的礼仪而已，真宗自然不会治寇准的罪，但这份谢罪的奏疏仍然暂时满足了双方的心理需求——真宗变成了一个"大度"的君主，而寇准变成了一个"顺从"的臣子。

但从长远看，君臣之间的这次较量，却有了"高下"之分——寇准在澶渊之盟中立下的功劳成了真宗胆怯的力证，这为君臣间的最终离心埋下了伏笔。寇准在这次战争中的强硬手段，为他赢得了"大忠"之名。尽管中国古代官僚最为讲究"忠君爱国"，但对"忠"的判断却有着相当复杂的标准。一味迎合君主的观点往往会被归集到"忠"的对立面上去，就如这次事件中的王钦若等人，他们的出发点是真宗的内心渴求，而非民族大义，这种选择，直接抛弃了中国士人价值取向中最重要的部分——以天下为己任。而寇准则站在了民族大义的立场上，让至高无上的皇权也做出了妥协，完美实践了大义，却缺少了一点智慧。寇准对澶渊之盟的定策之功，在士大夫阶层中颇受赞誉，如后来的王安石有诗云："欢盟从此至今日，丞相莱公功第一。"相比之下，真宗的迟疑和犹豫，则成了这份忠诚的背景板，对于此次出征，史书上明显带有情感倾向的记录方式，让真宗的形象大打折扣。

前文已言，澶渊之盟订立不久之后，对于真宗而言，便开始像是一个梦魇，甚至成为真宗执政风格转变的一个重要拐点。盟约签订之前，真宗励精图治，经历几年苦心经营，大宋出现了难得的繁荣景象。当时,宋真宗勤于政事,大力发展农业生产,减免税赋。内外都没有大的战乱,经济繁荣,边贸红火,贡赋通达,税收富足,社会发展蒸蒸日上。真宗在对外军事行动上也表现得十分谨慎积极,为了抵御辽国骑兵,用开河渠、连运河、推方田、置屯田的办法来"隔限敌骑",积粮备战。

可澶渊之盟签订后,真宗的内外政策都发生了巨大变化。真宗不断东封西祀来表彰自己的功绩,开始疏于治理朝政,他从一个兢兢业业的君主变成了一位热衷于帝王之术的君主。澶渊之盟的影响,甚至并不仅在真宗一朝,这个用金钱换来和平的盟约,为整个大宋的对外政策奠定了一种基调,宋人因此逐渐出现了一种不思进取、对外族入侵苟安求存的心理,面对后来更为狼子野心的金政权,宋朝上下仍然寄希望于签订盟约换取和平,这给宋朝带来了毁灭性的灾难,当然这是后话。

不久,支持寇准的宰相毕士安、参政王旦也做出了与寇准一样的选择——因在澶州之战中的表现向真宗请罪,几位深受真宗信任的重臣纷纷谢罪,像是在安慰此时心中充满矛盾的真宗,更像是在为真宗寻找对亲征一事犹豫的借口,为真宗阵前的不决转移视线。

庆幸的是,真宗理解大臣们的苦心,在收到这些奏疏后,他赐宴众臣,宣告他们皆是肱股忠臣,不会对他们治罪,以示安抚和回应。这样的和谐景象,在太祖与太宗朝都不容易看到,但是却成了之后大宋朝堂的主基调。这种权力上的"谦让",更多是礼节性的,君臣之间并不一定十分真诚。何以见得呢?因为杨亿又替真宗代拟了回复三人的诏书。君臣间的请罪与谅解，都是由当事人以外的同一人完成的，何谈诚心呢？

第二节 功过之间

"国家纳契丹和好以来，河朔生灵方获安堵，虽每岁赠遗，较于用兵之费不及百分之一。"这是参知政事王旦对澶渊之盟的评价，也是当时对澶渊之盟的影响比较真实的反映。其实不仅是王旦这样想，从这场危机中缓过神的每一个人都认为这个盟约简直是"超值"的：用微不足道的岁币就解决了一场可能威胁到王朝统治的危机。真宗领导下的大宋是无法战胜辽国的，这一点，也被大宋朝廷普遍接受，而最认同这一点的，就是真宗自己，大局一定，真宗便赏赐了所有在澶渊之盟中做出贡献的功臣们。

受到封赏的第一人就是负责盟约谈判的曹利用。如果说澶渊之盟中，寇准立下的是定策之功，那曹利用就是以优秀的外交技巧，实现了寇准所定策的关键人物，他在缔结盟约的过程中发挥了至关重要的作用，同样在历史上留下了浓墨重彩的一笔。曹利用是抱着必死的决心去的。真宗给出的底线是，辽国索要赔款可以，但索要土地绝对不可。曹利用谨记这条原则，在面对辽使者要求大宋割让土地的时候表现得十分强硬，因此才能达成只有经济条件而没有土地条件的澶渊之盟。曹利用虽然官位低微，却能在关键时刻挺身而出，以远远低出真宗预计的经济条件促成了澶渊之盟，这份胆识与过人的能力，让曹利用成功地进入了真宗的视野，在盟约缔结后，真宗便将其提拔为东上阁门使、忠州刺史，并赏赐一套在京师的府邸。他自此也获得了真宗的重用，澶渊之盟后仅十年便做到了枢密副使，又三年，知枢密院事。

如果说曹利用因为澶渊之盟改变了自己的命运，作为澶州之战的总体谋划之人，用澶渊之盟改变了整个大宋命运的寇准，当然是这件事中首屈一指的功臣。比起对曹利用这种直接的物质奖励，真宗对寇准的赏赐更为高级，也更符合寇准的身份，也是让他人真正艳羡的东西——尊重与信任。景德二年（1005年）十月，毕士安去世，之后真宗未给其他人加平章事；十一月，寇准加中书侍郎兼工部尚书。寇准成为独相，可以说，这是寇准一生中最为得意的时刻，这是别人不敢想象的荣耀。从这一刻起，真宗与寇准之间君臣关系的"蜜月期"终于到来了。真宗压制着自己对澶渊之盟的复杂情绪，对寇准给予了极大的肯定和信任，寇准在之后这段时间里，成为真宗的重要参谋，参与到重大国策的决定中来，为大宋的政治发展定下了基本方向。

而寇准似乎并不适合生存于平稳的朝堂，他由功转过的根源，仍然是他在官场上过于鲜明的个人色彩。

寇准为相后，在官员任用上体现了与其他当权者诸多的不同，其他人用人，多会考察备选对象的资历和政绩。这样的方式虽然会在一定程度上造成有才华、无资历的人被埋没，但却充分肯定了被选对象的努力——官场之上，扎扎实实做事、靠努力晋升，这是大多数人都能普遍接受的规则。而寇准因为自身少年得志的特殊经历，对同僚们普遍遵循的规则不屑一顾，又因为个性鲜明，导致他在用人上有着鲜明的个人倾向，这两点都让官场上的大多数人无法认同和接受。他任用、罢免官员多根据自己的喜恶，尤其偏袒寒门子弟，这已经违反了朝廷规定。

其实类似的过错，寇准在太宗时曾经犯过。这一次，寇准又做了相似的事。在御史出现空缺的时候，寇准任用了出身贫寒的官吏们。而这一次，真宗并没有为难寇准，反而接受了他对人才的选用。但这样的包容一旦积累起来，不满也会越积越多，最终爆发。

景德二年（1005年）正月，在寇准的推动下，真宗又一次突破了祖宗之法。水部郎中、河阴都监许玄豹向朝廷提出，沿河州县军备、漕运物资常常储备不足，给地方经济带来很大压力。他建议，让地方有财力的平民捐官，来缓解财政压力。对此，真宗是有顾虑的，他认为如此做法，是可以解决一些眼下之急，但长久下去，也必然会带来一系列更为复杂的问题。于是，真宗询问了寇准的意见。"爵赏之命，尤宜慎重。此事若行，经久便否？"真宗此时询问寇准意见，显然是希望得到寇准的支持，由寇准来否决这项提议。在真宗看来，官员能力水平或有高低，却都是朝廷千辛万苦选拔出来的，任用官员怎可如此儿戏，想必历来疾恶如仇的寇准定会力主废除此法。可不想，行事向来大胆的寇准竟然开始说服真宗实行这条政策。

"若说捐官一事，倒也不是没有先例，何况当前边备需要的费用也不少，施行这一政策，正能缓解朝廷财政压力，地方百姓也可获得轻松。若是在陕西也依照这样的办法来落实,那便更好了……"在寇准看来,天下官员无非两种,一种是可用之人,正如他喜欢提拔的那些出身贫苦的官员,他们了解民间疾苦,大都实干;而另一种,便是无用之人,正如官场上的大多数,若是这样的人还能创造些价值,岂不一举两得?况且,这些捐官之人登记在册后,只需对他们的政绩严加考核,如若实在不堪用或者对地方盘剥过度,日后整顿吏治,再将他们清扫出去,对寇准这个一朝之相来说不是什么难事,而这些捐官的银子,却实实在在地落入了"皇帝的腰包",是可以解一时之需的。

面对寇准这样的答复,真宗勉强答应了施行这项政策,可这并不是真宗的本意。景德二年(1005年)三月,毕士安、寇准同时向真宗为亲友求取功名,真宗为他们开了特例,满足了两人的请求。这一年,寇准过生日的时候,真宗派人送来贺礼,并为这位有功之臣送去真挚的祝福。此时,寇准在真宗的礼遇之下,过得顺风顺水,站在权力的巅峰俯瞰着整个大宋。

皇帝一次次的妥协,让寇准获得了一份份荣耀,如果按照这一年的趋势发展下去,寇准大概真的会迷失在权力之巅。但寇准的敌对势力正蓄势待发,做好了准备,要撬动这对君臣之间的"亲密关系"。真宗也渐渐厌倦了这种无休无止的妥协,开始重新审视君臣之间的相处模式。

寇准真的值得信任吗?真宗越来越怀疑这件事。

第三节 奸邪之辈

如果说寇准是大忠之臣，那么朝廷之上，必然有人要站在寇准的对立面上。如果说寇准、毕士安站在正义一方，那么对立面，便应该是站在邪恶一方的奸邪之辈。这样看来，奸佞之人，就是王钦若。

王钦若（962—1025年），字定国，临江军新喻人。他是北宋时期江南宰相第一人。江南人做宰相，在当时还是一件不常见的事。这也说明王钦若在做官和为政方面，确有独到的一面，使他能长久稳立于朝廷，也属不易。王钦若长相不雅，在他的颈脖上长有一个肉瘤，因此也被世人称为"瘿相"。这个绰号带有明显的轻蔑和取笑之意。但被人冠以如此恶名，却不完全是因为他的外貌，纵观其一生，他的所作所为更为人诟病。王钦若为官，历经宋太宗、真宗和仁宗三朝，曾在真宗、仁宗两朝二度为相，即使数次身居高位，也没能留下好的名声。

王钦若素与寇准政见不合，因为高傲的寇准从来看不起善于揣测圣意、曲意逢迎的王钦若。而寇准此时正是真宗最为依仗的重臣，由于之前自己主张不战而逃得罪了寇准，为避其锋芒，王钦若多次上书要求皇帝解除自己参知政事的官职。真宗便特设资政殿大学士，以安置他，命令他和杨亿、孙奭等人共同修撰《册府元龟》一书。即使在这段蛰伏期间，王钦若也是一副小人嘴脸。《册府元龟》一书专门记录上古至五代时期的君臣事迹，所录以正史为主，也涉及了经、子、集部的一些内容。在修撰的过程中，因为每修辑一部分都要向真宗汇报，而王钦若的做法是"或褒赞所及，钦若自名表首以谢，即谬误有所谴问，戒书吏但云杨亿以下"——如果得到真宗的褒奖称赞，王钦若就把自己的名字列在第一，并将功劳归为自己；如果出现了错误受到真宗的责问，王钦若就推卸责任，吩咐手下的书吏说这是杨亿等人的失误，与自己无关。

王钦若的做法，引起了同僚们对他的不满。大中祥符八年（1015年），当时与王钦若一起在枢密院任职的马知节曾当着真宗的面，揭露过王钦若的这一行径，并使王钦若一度被罢免枢密使一职。但由于王钦若善于迎合真宗的心意，真宗对王钦若也很依赖，在将王钦若罢职后不久，又重新恢复了他枢密使的职位。

王钦若不但善于揣测天子的心思，更擅长为天子找到不同的角度来看待事情，他曾向真宗建议减免自五代以来各地拖欠的赋税，并以此称赞真宗的仁厚爱民，这种做法既帮助真宗讨好了百姓，也帮助自己讨好了真宗。所以在真宗看来，王钦若智慧超群，还比寇准宽仁许多。于是，真宗对王钦若越加看重。真宗曾命令学士院召试王钦若，并亲自看了王钦若答的试卷，大为赞赏，对众辅臣说："钦若不但对政事敏于治理，而且富于文辞，可特别任用他。"于是拜为右正言、知制诰。后来他又兼任了判大理寺一职。王钦若在判大理寺任上，同样做出了不俗的政绩，如整顿官制、精简浮冗官员等，为朝廷官制树立了规范，减少了开支。王钦若超凡的政治才干，深受皇帝赞赏，他能青云直上，从知制诰升为翰林学士，直至后来的宰相，其个人的能力起了关键性的作用。

从这些角度来看，王钦若是一个有能力、有作为的官员。而王钦若让人诟病的原因，是他经常为了讨好皇帝而做出有违大宋利益的大事。

王钦若因战时主张迁都避敌，一度被寇准排斥出朝。还朝之后，他不能容忍皇帝对寇准的信任，便开始进言挑拨。

景德二年（1005年）的一天，朝会散去，真宗望着寇准的背影目送其离开，表现得相当恭敬。王钦若看到这样的情景，就看似不经意地对真宗说出了他准备良久的一段话。

"陛下如此敬重寇准，是因为寇大人对我大宋有功吗？"

"那是当然。"听到王钦若的疑问，真宗有些不解。

接下来的一段话，彻底打破了真宗的一贯认知。

"澶州之战，陛下不以为耻，反以为荣，这是为什么？"

真宗惊愕地看着王钦若，一时不知这话该从何说起，便问道："王爱卿何出此言？"

王钦若不慌不忙地解释道："陛下，这澶渊之盟乃是城下之盟！您熟读史书，难道不知道城下之盟向来为人所不齿吗？"

此刻的真宗，终于听到了对此盟约的否定说法，他仿佛找到了知己，按照王钦若的说法，寇准才是那个该背负心理负担的人。王钦若见此情形，继续对真宗说道："澶州之战，我军并未取得胜利。澶渊之盟于辽百利而无一害，我大宋却每年须向蛮夷之人送去岁币，由此看来，这盟约便是城下之盟。而这件事的推动者寇准，如今竟不以为耻，反而以此居功自傲，风头要盖过圣上，简直荒唐！"

王钦若的一番话，终于捅破了真宗心里晦暗不明的窗户纸，似乎终于帮助真宗理清了寇准和澶渊之盟的关系。此刻的真宗已经相当不高兴了。

王钦若趁热打铁，继续说道："不知道陛下有没有听过什么叫赌博？"

"你说。"此刻的真宗面色已经相当难看，但又没有完全被王钦若的理论说服。

"人在赌博中，尤其是手中的赌资就要全部输光的时候，经常会把所有的钱用来下注，这种时候，赌徒已经不再理智，急着将钱全部赢回来，便会背水一战。陛下您仔细想一想，当初辽军大兵压境，寇准就是赌徒的心态呀！他力主您御驾亲征，正是将您当作赌赢这场战争最后的筹码了，哪里还有一点对君主的敬畏和爱护之心？如此行事，岂不让陛下威严尽失乎？"

真宗好似醍醐灌顶，一直以来，对于澶渊之盟，他都有种说不出的复杂感，如今被王钦若点醒，他当初的感觉不就是这样吗？

寇准完全不顾自己的安危，逼迫自己御驾亲征，到了澶州仍然不满足，还胁迫自己一定要渡过黄河，亲临前线才肯罢休。当时那种无奈与无力的感觉，瞬间又涌上真宗心头。此刻真宗心里对寇准已是疏离大半。

景德四年（1007年），王钦若给真宗提出了一雪前耻的办法:"如果陛下想要树立皇帝之威,又不想依靠行兵打仗,微臣倒有一个办法,那就是做一件大事,其功业完全可以使辽与党项这样的蛮夷叹服。"真宗听到这里,已经完全着迷了,急忙追问。

王钦若这才缓缓道出自己的答案:"这件大事,便是封禅泰山!"

真宗听到这里连忙摇头:"不可!封禅之礼,旷废已久,若非圣朝承平,岂能振举?我何德何能,可受泰山封禅呢?不可,不可啊!"

王钦若见真宗有顾虑,便又接着给真宗出主意道:"封禅泰山这种仪式之所以荒废,是因为没有恰当的理由,如果有正当的理由,又怎么不能举办呢?而陛下如今平定边疆,天下归心,功德自然是够的。"

真宗已经有些动摇了,接着问道:"那怎样才算有理由呢?"

王钦若表示:"天降祥瑞!"

"哪里会有祥瑞?"真宗不免有些嗔怒,觉得王钦若分明是在拿自己开心。

王钦若此时才将自己计划最核心的部分说出来:"天降祥瑞这件事,完全可以靠人为嘛!只要皇帝坚信这是祥瑞,并昭告天下,那便就是真的天降祥瑞。诸如《河图》《洛书》,也不过是圣人们欺骗天下的假象罢了。"真宗听后,认为王钦若所言有理,封禅之事可行,至少可以盖住自己在澶州之战中表现出的"无能"。

在王钦若的鼓动之下，大宋最大规模的闹剧开始了，真正让真宗在史书上为人诟病的事件就被这样一位奸臣策划了出来，此事我们后文再提。

第四节　君臣离心

真宗对寇准的不满，是什么时候开始的？这个问题，真宗自己也很难回答。但可以肯定的是，王钦若的谗言，仅仅是一个导火索而已。真宗对寇准的不满，一直在积累。

君臣离心，早有端倪。

景德二年（1005年），围绕着真宗与寇准，发生了许多变化，这种变化似乎不易察觉，但却不断考验着两人的关系。

十月十日，毕士安病逝，寇准等人与真宗一起来到毕士安家里吊唁。真宗身边的大臣，按照出身可以分为两类——一类是太宗留给他的老臣，另一类就是真宗自己起用的臣子。之所以这样划分，是因为两类臣子之间存在着明显的差异。太宗留给真宗的老臣，在身份上更接近于真宗的老师，他们对真宗做人、为政有着严格的把控，如李沆、毕士安、王旦等，从真宗为皇子时就陪伴在他身边，等到真宗继位，这些老臣仍然起到明显的把控方向的作用。很多时候，这些老臣对真宗的影响凌驾于真宗的意志之上。即便他们的辅佐或者决定让真宗不高兴，真宗也会给予他们足够的尊重，听从他们的建议。而第二类真宗自己起用的人才，对于真宗而言更倾向于朋友或助手，如王钦若、丁谓等。这些大臣的仕途多因真宗的重视而变得顺遂，在做出决定时，更倾向于考虑真宗的情绪，如澶渊之盟时，王钦若会考虑到真宗的胆识与经历，提出更符合真宗性格的建议。这类臣子，在真宗执政的中后期，发挥了更大作用。而寇准却难以被划分到这两类当中。论资历，寇准是老臣无疑，虽然在真宗被立为储君的过程当中起过极其重要的作用，但在真宗执政初期，寇准并没有起到类似那些老臣的辅佐作用，相反，由于自己被太宗贬黜，真宗朝复起，寇准的仕途在真宗朝又达到顶峰。寇准对自己的定位，是与毕士安等老臣一样的，可分歧就在于，真宗并不像寇准想象中的那样信任他。能够维持这种信任的最重要的人物，就是毕士安。在寇准做出重要决定时，毕士安的支持往往能够让真宗放心，寇准被诬陷怀疑时，毕士安对他的力挺也会让真宗选择相信寇准。而毕士安的去世，无疑打破了这种平衡。

王钦若就是在毕士安死后，才敢在真宗面前挑拨君臣关系的。而寇准没想到，真宗在心中已经埋下了怀疑他的种子，毕士安去世后，这粒种子终于在王钦若的"浇灌"下生根发芽了。

寇准的性格是很鲜明的，这种鲜明的性格在他自己看来，是他骄傲的资本，但在真宗看来，却是寇准不能被委以重任的关键因素。前文讲过，真宗在任用大臣的时候讲究平衡和互补，任用一个大臣的同时，一定会任用另一位与之政见相左的大臣来平衡关系，防止"一家独大"的局面出现而威胁皇权。于是毕士安就担负起压制寇准的使命。可寇准的性格让他树敌太多，一旦压制没有了，就很难再找到合适的力量来"平衡"寇准的性格了。寇准在官场后期的政敌们针对、陷害他已经不单是出于政见上的分歧，更多时候是出于他们之间的个人恩怨。真宗自己也忌惮寇准的性格，又怎会让他继续留在权力中心呢？

寇准在用人上总喜欢打破常规，这也让真宗很苦恼。真宗曾经不止一次与寇准讨论科举的问题。真宗当然是希望能够将自己的主张传达给寇准，避免寇准一而再、再而三地制造麻烦。但经过一系列事实，真宗明白了：寇准不可能按照自己的想法来做事。寇准与王钦若的最初交锋，就是在澶州之战前夕对待战与和的争论上。王钦若主张迁都避敌，寇准则极力反对让真宗南避。虽然他本可以用更加温和的方法来与王钦若、陈尧叟商议此事，但寇准却没有如此，一方面是因为他一贯独断的作风，另一方面是因为他对身为南方人的王、陈二人存有偏见，甚至因此对他们开始了人身攻击和政治上的打击。

王钦若等人被寇准指责"该杀"，虽为文臣，但仍被派往前线，从此寇准与王钦若等人明确分成不同阵营。这件事之后，寇准把这种厌恶无差别地平移到其他人身上，他讨厌南方人不说，还公开自己这种偏好，甚至以此来选用人才。他曾经作为科举的主考，在选状元的时候发现第一名竟然是南方人，寇准就把身为北方人的第二名改成了状元，之后他还非常高调地对同僚说："吾为北方又得一状元。"可见他对南方人的成见是难以转变的。

一个很好的例子就是晏殊。景德二年（1005年）五月，十四岁的晏殊作为抚州进士与十二岁的大名府进士姜盖同时因才情而被特招入试，晏殊准备了诗与赋各一首，而姜盖则准备了诗六首。真宗被晏殊的才华深深折服，但寇准仍然因为晏殊是南方人，想要以姜盖为进士。真宗闻言很生气，他毫不客气地教训了寇准："朝廷取士，看的是才华，不论南方还是北方，四海一家，怎么能够因地域因素差别对待？唐代的张九龄等人，难道会因为出身偏僻就被弃之不用？"最后，真宗赐晏殊进士出身，赐给姜盖以同学究出身。两天后，真宗又召晏殊觐见，给这个才华横溢的少年出题，晏殊却很诚实地告诉真宗，这次出的题，他从前见到过，真宗又改试他题，晏殊交出答卷后，真宗数次叫好。

此刻的真宗，有多喜欢晏殊，就有多讨厌寇准，但他仍然选择忍耐和谅解，毕竟在这个时候，可以制衡寇准的毕士安还在世，澶渊之盟在他心中还不是"城下之盟"。

而接下来，关于寇准又发生了几件事，让真宗再也无法忍耐了。

一件是寇准侄女的婚事。还是这一年，寇准的侄女嫁人了，对方不但是库部郎中高士宏的公子，也是那年的进士，高清。另外一件是这年寇准又犯了老毛病——奢侈浪费，经常在私宅举办宴会，邀请翰林学士们来家里宴饮。

这两件事有什么关系吗？这两件事看似不相关，却有一个共同点，那就是寇准在朝中的人际关系发生了波动。

寇准的侄女嫁到高家，两家姻亲关系结成，这让寇准多了一个同盟高士宏。虽然从礼制上来讲，这在当时没有任何问题，却不是真宗以及寇准的政敌们乐意看到的局面，加之高清进士出身，未来前途无量，这也加剧了他们的担忧。站在真宗的角度上来讲，寇准本来就常常根据个人喜好选拔人才，高清作为寇家的女婿，势必会得到寇准的优待与扶持，真宗不得不注意这一点。对于寇准的政敌而言，寇准每多一份助力，他们在抗衡、打击寇准的时候，就要多花一分力气，这当然不是好事。

男女婚姻，毕竟天经地义，就算真宗也不能说什么，但第二件事，真宗就不得不注意了。尽管宋从建立之初就非常注重大臣之间的相互制约，但随着权力的不断固化，大臣们仍然会为了巩固手中权力而结成联盟，在宋朝中后期，党争现象非常严重。如果姻亲算是天经地义的结盟方式，那寇准与众多朝廷栋梁的宴饮，便是在皇帝看来臣子们放在明面上的结盟方式。

寇准豪奢的做派自其初涉政坛开始，就没有改变过，如果是在太宗朝，太宗或许会容忍寇准这样的行为，因为太宗朝乾坤仍然未定，问题比寇准严重得多的大臣比比皆是，而当时之急是解决好边防安危的问题。可真宗作为一个隐忍而又谨慎的皇帝，从太宗手上接过的江山早已不再像当初那样纷乱，寇准这种不拘小节的性格和做法，就没有了得到谅解的理由。

毕士安如果在世，这些事情也不会是问题。首先，毕士安的存在，就是寇准头上的紧箍儿，如果寇准有逾越的行为，真宗相信毕士安会对寇准有所提醒和警告，不会出现不可控局面。其次，稳重的毕士安也不会让真宗产生不安全感。可问题在于，毕士安不在了，在真宗看来，寇准仍然在坚持自己的危险行为和性格，已经不再安全可控，真宗实在没有办法继续放心任用寇准。

景德三年（1006年）三月，在毕士安去世、寇准为独相五个多月后，寇准被罢相位，为安抚寇准，真宗升迁了寇准的本官，将其进为刑部尚书，命其出知陕州。同日，王旦接任了寇准的相位。寇准原本的官职为中书侍郎兼工部尚书，罢相后，寇准被升为刑部尚书，这并不是简单的部门、职责的调整，原本六部就是有尊卑次序的。当时的排序为吏部、兵部、户部、刑部、工部、礼部。即吏部、兵部为前行，户部、刑部为中行，工部、礼部为后行。这一切看似突然，却不知真宗已经在心底酝酿了多久。

在寇准罢相之后，真宗对寇准的继任者王旦评价寇准："寇准多许人官，以为己恩。俟行，当深戒之。"真宗的内心其实对寇准随意的人事任用是在意了多年的。

"陛下所言极是。"王旦并没有反驳真宗的说法，他明白真宗对寇准的不满。毕竟寇准的性格缺陷十分明显，真宗认为这种将官职作为人情到处送的行为已经是不可原谅的了，应该给他一个教训。只是与太宗不同，真宗将寇准赶走，并不期待着寇准能够悔过，能够反省自己，在将来的某一重要时刻回归，真宗并没有再次起用寇准的打算。

寇准对自己的前途还是抱乐观态度的，因为他的继任者是王旦。寇准相信，这位老友与自己有着深刻的默契；比起总是犯错误的自己，王旦的性格更沉稳，政治手腕也更高明。这在寇准看来，是真宗没有真正放弃自己的一个信号。真宗对王旦的信任不比毕士安少，甚至可以说，真宗对王旦言听计从，后来，也正是王旦的努力才使得寇准能够不完全脱离真宗朝权力的中心。

　　王旦一边认真地听着真宗对寇准的评价，一边中肯地将寇准的优点和其他问题也罗列出来，好让真宗更全面地认清寇准。作为寇准的老友，王旦知道，寇准的性格决定了他注定不会一路顺畅，但也决定了，一旦有大事，寇准就是大宋的底牌。不过随着王钦若等势力的崛起，王旦也开始加紧政治阵营的组建，加快了对李迪、王曾、杨亿这些人的提拔，毕竟没了寇准这把利刃，与王钦若等人的斗争还是存在的。

第六章 天书封禅

第一节 再度离相

在大宋官场,拜相是一件无比荣耀的事情,但宰相的权力之大也决定了很难有人能够久居相位。

澶渊之盟后,大宋进入了一段还算长久的和平发展时期,不但外患平息,大宋内部也风调雨顺,这种局面之下,真宗便不需要寇准了,留下他只会在朝廷中制造混乱。在真宗心里,寇准与李沆、毕士安是很不一样的,寇准是用来决断"大事"的臣子,而只有关乎国家存亡的事情,在真宗这里才称得上是"大事"。在朝中"无事"的时候,自然不能再任用寇准。

寇准刚刚罢相,真宗便对身边人表达了对寇准的不满,他对王旦说:"寇准以国家爵赏过求虚誉,无大臣体,罢其重柄,庶保终吉也。"而王旦此刻并没有表态,这位以大度著称的宰相,正酝酿着怎样化解真宗与寇准间的误解。

相比真宗，王旦对寇准的认知可能更为全面和客观。真宗因为讨厌寇准的个性，同时忌惮寇准的功绩，所以在对寇准的任用上充满了矛盾。而与寇准同僚多年的王旦，在与寇准的交往问题上却有着自己的一套章法。王旦任职中书省之时，正值寇准任职枢密院，两人虽同为真宗的左臂右膀，却并不默契。王旦经常在真宗面前讲寇准的好话，而寇准却经常在真宗面前说王旦的坏话。

一次，中书省的文件送到枢密院，寇准阅后发现这份文件并不合规范，便将此事报告了真宗，王旦因此被真宗责备。不出一个月，枢密院的文件送到中书省，其中也有不规范的地方，王旦却让手下之人把文件送还枢密院，让寇准修改后再送来。中书省的同僚们因此抱怨王旦，说他没有抓住机会报复寇准。但只有二人知道，与其说这是因为二人性格与为人的差别，不如说是出于二人多年为官形成的默契——王旦与寇准为同年进士，更是同窗学友。这件事，对二人来说并不是值得大肆宣扬的事。因为在官场上，与其让人觉得关系亲密，不如保持适当的距离。二人也从不曾将外界的比较与评论放在心上。久而久之，真宗和朝臣都觉得王旦性格沉稳，而寇准则性格急躁；此外，大家还觉得王旦大方，寇准小气；王旦宽容，寇准执拗；王旦老成，寇准率真……二人皆未因他人议论而改变本初，依旧我行我素。因此二人共事多年，不论出现怎样的矛盾，王旦始终"包容"着寇准，寇准也并不"感激"。

也正因此，真宗能放心地让王旦代替寇准。真宗某日曾对王旦这样抱怨："卿虽称其美，彼专谈卿恶。"意思是，王旦虽然总说寇准的好处，寇准却专门说王旦的不足。王旦这样对真宗说道："比起寇准，老朽任官时间更久，所做的事情也更多，所谓多做多错，我的缺失必然不少，只是常人碍于老朽的面子，未曾提起。寇准发现我的错漏，能够直言向您报告，可见他不但为人直率，对您也无比忠诚，这也是我最敬重他的地方。"

王旦为相，在举贤任能这一方面，确实比寇准更为公允。王旦为相时，虽然言明宾客不能因为私事来求他，但仍有很多人来到府上，希望能借助王旦的权力和威望走捷径。明知如此，王旦却也并没有将来者拒之门外，相反却"观才之所长"，以此为契机，观察、选择可用之人。比起总是得罪人的寇准，王旦显得高明不少，这省去了真宗为大臣们调解矛盾的时间。王旦因此得以在宋真宗身边为宰十余年，真宗一直对其信任有加。也正因此，寇准对自己未来再入中枢有着极度自信，王旦既然是"平世之良相"，如此知人善任的王旦，又怎会忘了自己？

寇准的这种自信让他与同僚有着明显的区别，虽然自信能让他在大事面前临危不乱，但也让他在整个朝堂上显得格格不入，仕途必然曲折。

虽然寇准是朝廷上出了名的孤勇之臣，但也绝非独行者，寇准在大宋官场上，也有一位难得的知己。寇准刚刚到任陕州，知己便前来看望。这位老友，正是张咏。

张咏对大宋也颇有贡献，宋人甚至将其与对宋有开国之功的赵普、定策澶渊的寇准并论，并称为宋兴以来的三大功臣。

淳化四年（993年），蜀地大旱，民不聊生，爆发王小波、李顺起义。太宗派宦官王继恩率兵讨伐李顺。王继恩收复成都后，却居功自傲，大肆享乐，其所作所为传到京城后，太宗任命枢密直学士、虞部郎中张咏为益州知州，负责善后事宜。张咏领命到达成都后，使用雷霆手段制止了王继恩的行为，又平息了残余起义势力，整饬蜀地。仅三年时间，蜀地得到有效治理，百姓安居乐业。张咏走后，继任者治蜀过严，人多怨惧，朝廷不得不另择知州。咸平六年（1003年）四月，以张咏为刑部侍郎、枢密直学士，兼任益州知州。张咏两度治蜀，政绩斐然。这次，正是张咏结束了在益州的任期，特地来看望自己的老友的。

张咏与寇准两人在大名府求学时便已经相识，二人个性相似，从青年时就立志报国，为官后均忠心耿耿、鞠躬尽瘁。张咏少年习剑，性格洒脱，为人慷慨。与少年成才的寇准十分相似的是，他也博学多才，不但爱下棋，通射箭，更喜饮酒，也因性格问题与朝中各方势力格格不入，因此二人惺惺相惜。这样一位知己好友，当然比别人更懂得寇准。即使寇准在官场上表现得洒脱不羁，张咏却能了解其中的辛酸与郁闷，为官多年，想起自己的种种际遇，又怎会不明白寇准的苦衷呢？两人这次相聚，相谈甚欢，等到张咏要离开的时候，寇准为其送行，依依惜别之际，寇准终于张口向老友求教。

"兄长，准有一事不明，还望赐教。准为官虽不似兄长这般鞠躬尽瘁，但自问从不曾有所懈怠，于国于君，都心怀赤诚，为何陛下还是对我多有不满？还是如他人所言，准之秉性太过刚直，为陛下厌恶？"

"贤弟当真是不学无术！"张咏说这话的时候满脸笑意，寇准仿佛又看到了当年那个侠义的兄长，听张咏这样说自己，寇准倒紧张起来了。

"此话怎讲？若是旁人如此说我，我自不理会，兄长怎也如此说我？你我少年时秉烛夜读种种情景还历历在目，兄长难道不知寇准？"

"贤弟少年成才，他人都说你是天才，我当然知道你下了怎样的功夫才得如此成就！我说的不学无术，乃是贤弟不懂为臣之术！"

"为臣难道不应该以忠为先，以大义为先？至于为臣之术，我自不屑去学。难道要我像王钦若那样的小人一样，只会揣测圣意而行事吗？"

"哈哈，贤弟，这么多年我怎么没发现你如此愚不可及！陛下嫌恶你，难道仅是因为你不会奉承？难道仅是因为你性格倔强？"

"那还有什么？请兄长明示。"寇准第一次如此迫切地想要知道答案，在他看来，能给他明确答案的，也只有张咏一人。在强敌环伺的官场之上，寇准一直把自己的担忧和恐惧隐藏起来。

"你还是多读读书吧，熟读《霍光传》，自然能找到答案。"这一次，张咏神神秘秘地送给了寇准这样一个药方——让他读一读霍光的事迹。

寇准少年成名，便是因为才华卓著，他对历史有着深入的研究和独到的见解，对霍光自然也不陌生。张咏让一把年纪的寇准再读《霍光传》，又有何深意呢？寇准将信将疑，却又不再多问，二人少年相识，如今一别，尚且不知何时再见，依依惜别之情尚难尽表，又怎好一直纠结这样的小事呢？

张咏离去后，满心疑惑的寇准打开《霍光传》，想到老友说自己"不学无术"时，不禁笑了起来，"张公让我读的，无非就是这四字而已呀。"寇准深知，这位相交多年的老友是在深深地担心着自己。

在张咏看来，霍光与寇准有诸多相似之处。霍光因立帝废帝，权力达到顶峰，是历史上名副其实的权臣，而当时寇准一度位列宰相，从太宗朝便对朝局有着深刻的影响，真宗得以继承大统，寇准的功劳不言而喻，后来，寇准又因澶州定策之功而名噪一时，其权力与影响力也达到了巅峰。霍光与寇准都是皇帝惧怕的对象。虽然霍光不一定是以擅政专权为目的，但其完全主导了刘贺的立废，霍光因认为刘贺的性格特征与行为方式不适合做皇帝，便与群臣商议废掉刘贺，迎立汉宣帝刘询，即使霍光为国之柱石，宣帝也只是表面上很信任他，实际上却很忌惮他。

寇准性格强势，总是会左右真宗的决定，在澶州之战中更是"逼着"真宗亲征御敌。真宗深知自己在整个澶州之战中表现出了懦弱与畏缩，这让真宗不得不担心，如果寇准有朝一日也觉得自己不适合做皇帝，会不会也生出异心？除了以上两点值得寇准思考，张咏让寇准再读《霍光传》，更是在善意地提醒寇准，霍光为人小心谨慎，侍奉汉武帝左右二十多年，未曾犯一次错误，却避免不了死后全族坐罪处死的悲惨结局，为人狂放的寇准应当从中吸取教训，明哲保身，别再任性妄为。

张咏也想借此告诉寇准，在官场上，能够小心平衡各种利益关系固然重要，但要想成就他人难以成就的大事，不被理解、遭受非议也是必由之路，寇准因为国家谋大事而被起用，如今鸟尽弓藏，被真宗厌弃，怎能不让张咏有相惜相怜之感？也许，只有寇准明白，张咏所说的"不学无术"，是一种理解与心痛。

但是张咏的劝告对于寇准显然没有起到重大作用，陕州成了寇准这次贬谪的起点，而不是终点。在真宗看来，他对寇准的惩戒远远不够。和当年询问寇准在被贬之地过得可好的太宗不同，远在京城的真宗每每与辅臣谈起寇准，还是一副嫌恶的模样。

真宗对寇准的嫌恶甚至会牵连到他人。景德三年（1006年），一位重臣病重，而真宗打破了太祖、太宗留下的在重臣病重时前去探望的惯例，任凭这位大臣在失望中去世。这个人，便是澶州之战中立下赫赫战功，并与寇准一同力谏真宗渡河的大将高琼。

"高爱卿病重，朕理应去探望他，王爱卿与朕同去吧。"真宗要去探望高琼，便知会当时的枢密使王钦若一同前往。

"陛下，不可！"王钦若向来擅长让真宗换个角度看问题，或者说，把简单的问题复杂化，这一次也不例外。

"有何不可？"真宗满脸疑惑。

"高琼何德何能？陛下贵为九五之尊，怎能亲临探望？"

"高琼骁勇善战……"还未等真宗说完，王钦若便迫不及待历数高琼罪过了。

"骁勇善战？一介武夫而已，反倒因寸功而自傲，不将陛下放在眼中。当年澶州之战，若不是这高琼与寇准一唱一和，陛下又怎会被情势所逼……"王钦若最了解真宗对澶州的复杂情感，只要一提这件事，必然引起真宗反感。果然，真宗听后，拂袖而去。直到高琼闭上眼睛，也没等到皇帝。

听说高琼在京中黯然离世，寇准感受到朝堂之上的一丝凉意，他意识到，自己的回京之路也许并没有想象中的那样平坦。

第二节 陕州履职

从洛阳回到陕州，寇准每天几乎只做一件事——宴游。这倒不能说明寇准对外放任职不满而怠慢政事，因为寇准本身就很喜欢举办宴会。而从寇准刚到陕州的时候结交的一个人，可以看出此时的寇准对官场已有疲惫之感。

寇准当日轻车简从来到郊区的一户农家，亲自前去叩门。主人正在午睡，听到有人叫门，却不着急，隔着院子便不耐烦地询问起来："谁呀？如此扰人美梦！"说了一句，又懒洋洋地磨蹭了一会儿才起身。

"请魏先生开门，久闻先生大名，特来求见。"寇准谦卑地说。

听到这儿，这屋主人反而更磨蹭了，极不情愿地打开门，连眼皮都不想抬。平日里来找他求诗的人不少，但不管对方身份多么尊贵，他都不曾有攀附之心。屋主人名叫魏野。魏野家中世代为农，他却因善于作诗在当地颇有雅名，当时很多达官贵人以求得魏野诗作为荣，但魏野却不喜荣华富贵，一直过着隐士的生活。他自筑草堂于陕州东郊，生活志趣颇为高雅，他虽为文人，却乐耕勤种，亲手植竹栽树，凿土引泉，将所居草堂周围环境布置得景趣幽绝。魏野在泉林间弹琴赋诗的景象，颇为当世人所称道。

魏野打量来人，只见对方是个中年人，衣着不算华贵，但却难掩眉宇间的不凡，开始表现出尊敬。

寇准并未在意，简单介绍了自己之后，主人家大吃一惊，忍不住惊呼出来。

"寇相？！有失远迎！失礼失礼！"魏野不敢相信，眼前之人正是那个从太宗朝就手握重权、名满天下的寇准寇大人！

"魏先生莫惊，寇某久闻大名，特来拜访。打扰先生大梦，还望恕罪啊！"

魏野一改之前的态度，恭敬地将寇准迎入屋内，面带歉意地说："寇大人折杀小人了！寇相大驾光临，寒舍蓬荜生辉，不知大人此来有何吩咐？"

"魏先生哪里的话？久闻先生大名，特来讨教而已……"

二人畅谈天下之事，又以吟诗作赋为乐，相谈甚欢。魏野与寇准成了知己好友，这在当时成了一段美谈，也给寇准郁闷的外放经历增添了不少乐趣。不久，魏野便将因此而作的《谢知府寇相公降访》二首送与寇准，表达惊喜的心情。

> 昼睡方浓向竹斋，柴门日午尚慵开。
> 惊回一觉游仙梦，村巷传呼宰相来。

> 中书两入寇尚书，出镇雄藩半载余。
> 棠树阴中无讼听，闲骑宝马到茅庐。

魏野的诗里，他自己是一副慵懒高傲的形象，仿佛凡间散仙般潇洒自在，超脱于俗世。而能入得这位散仙目中的，正是两入中书、文武双全的寇大人。这样的认可与赞美，寇准又怎会不欣喜？次年暮春，寇准又召魏野宴饮，魏野作《谢呈寇相公召宴》和《上知府寇相公》两诗记录这件事，寇准回赠魏野《赠魏野处士》一诗，魏野立即以《和呈寇相公见赠》相和；同年七月，寇准做寿，魏野又作《寇相公生辰》二首赠献。

此事一来二去传到了京城，被别有用心之人添油加醋地转告给了皇帝。真宗听说寇准如此"不务正业"，把大量精力花费在与隐士的交往上，自然认为寇准对官场心生不满，甚至已心灰意冷。虽然旧相出镇地方大多不会将政绩作为主要追求，但在真宗看来，作为忠君爱国的臣子，对待国事就要尽心竭力，不管身在何处都要始终如一。很显然，寇准又让他失望了。

寇准虽然性格不为真宗所喜，但真宗却无法忽视寇准的才能。澶渊之盟后，辽宋关系就显得十分复杂，在和平的主旋律下，积怨已深的两国还无法在短期内完全地信任对方，需要一名得力之人进行调解，真宗便将寇准派到了两国边界，让他来守卫这种脆弱复杂的和平局面。

大中祥符元年（1008年）十二月，寇准以户部尚书转任大名府，知天雄军。大名府治所位于今天河北省邯郸市东南部的大名县大街镇，处于今冀、鲁、豫三省的交界处，包括现在河北省的南部、河南省的北部、山东省的西北部，是当时北方的一个重镇。大中祥符元年（1008年）到大中祥符六年（1013年），寇准都在这里任职。

眼见着别人都能回到京城，而自己则在苦苦等待中一次次失望，或许寇准在等待中学会了反思自己，或许他认为治理大名府是一件值得自己提起精神的事情。与之前在陕州任上不同，任职大名府的这段时期，寇准切实地做出了一系列的政绩。首先，寇准巩固了大宋边防。大名府作为拱卫东京开封府的北大门，有着重要的战略地位。对于北宋王朝来说，大名府控制着黄河北面的大片疆土。寇准十分了解大名府在军事战略上的重要性，在任职大名府的这段时间，他积极组织大名府的军事防御行动，操练兵马，时刻关注辽国动向，防御北方辽军的小股骚扰，辽军因此十分忌惮寇准。大中祥符三年（1010年），辽国出现了饥荒，作为边境重镇，大名府的压力骤增。澶渊之盟以前，辽便经常劫掠边境宋民，当下遇到饥荒，如若处理不当，双方很容易再次爆发冲突。大宋朝廷决定，由大名府向辽国饥民低价出售粮食两万石以缓解灾情。辽国运粮使者过境时，寇准不但派军士护送，还赠予财物。粮食问题缓解后，两国边境果然平安度过危机，寇准上疏真宗，报告了自己援助过境的辽国使者一事。不想，真宗不但没有表彰寇准的做法，反而对身边的辅臣说："寇准这人，就是十分喜欢拿着朝廷的恩典送人情，来给自己收买人心。"

此事传到了辽国，对方似乎看到了拉拢这位大宋栋梁的机会。大中祥符五年（1012年），辽国使臣出使汴梁时途经大名府，受到了寇准的接见。不想，这位使者却想要离间寇准与大宋朝廷的关系。

"寇相公德高望重，当年澶渊之盟也全赖相公才得以达成，您这样的大才，何以不在中书？"

"使者此言差矣，有用之人不一定都要在中书啊！朝廷没有大事，所以我不必坐镇朝中，正是陛下觉得我可用，才将我放在两国边境重镇。正如使者如今被派出使我大宋朝廷，也是贵国皇帝觉得您有才华吧。"寇准这番话一出，使者便再无挑拨之言。

为了大名府的百姓安居乐业，寇准还加大力度防治水患。寇准在治理河流方面有着很丰富的经验，在京城任职期间，寇准就曾主持治理汴河，成效颇丰。来到大名府，寇准发现黄河北岸诸州县地形不平坦，导致流经此处的河流都很湍急，加上长期泥沙淤积，水势大的时候，容易出现河流决口改道，导致洪水泛滥，民田受到侵害。于是寇准采取了多种措施积极治理大名府的水患。大中祥符四年（1011年）九月，棣州段黄河在聂家口决堤。寇准定期派人巡视河道，并开始在容易决堤的地方加固堤坝，疏浚引导，带领当地百姓种植草木，最终成功治理了这次水患。

寇准体察民情，体恤百姓，在任职大名知府期间，还施行了多项便民政策。由于此地军事意义重大，兵役繁重，加上灾害频发、盗贼猖獗，民不聊生，甚至激起了许多民变。寇准针对此状况，开始加大力度整饬吏治，减轻徭赋，安抚百姓。大中祥符五年（1012年）九月，寇准发现当时黄河以北一些地区竟然有盗贼频繁活动，地方官不但没有据实奏报，还不及时缉拿擒捕，他训斥了这些地方官，命令他们反省自查，速速解决治安问题。在大名知府任上的六年中，寇准发挥着自己的聪明才干，励精图治，治理水患，施政为民，稳定了当地的局面，解决了不少此地的隐患，与其之前在其他地方任职留下的痕迹完全不同。也正因此，渐渐地，真宗终于注意到了寇准的政绩，下诏表彰。

几年间发生变化的不仅仅是寇准，真宗也在悄悄改变着。如今的京城，政治力量发生了明显的变化，大中祥符四年（1011年），宰相王旦病重，种种迹象表明，大宋可能需要一个新的宰相了，而此时，曹利用、陈彭年、林特、丁谓等人已经因得到真宗的信任而掌握了更大的权力。寇准此生若想再有所作为，再次将大宋带回到正确的轨道上，就必须要迅速回到权力中心，才能掌控局面。

第三节 重返京城

上文提到的曹利用、陈彭年、林特、丁谓等人，都与寇准有着很深的渊源，尤其是曹利用和丁谓。曹利用曾在澶渊之盟时受寇准之命立下功劳。而丁谓其人，也曾备受寇准赞赏。丁谓年轻时曾与好友孙何共同拜会文坛泰斗王禹偁，王禹偁十分欣赏二人的才华。丁谓的政治才能也十分突出，益州王均领兵叛乱时，丁谓轻车简从前去说降，凭借出色的口才，解除了此次危机。丁谓还担任过多年的财政官员，他善于经管财政，久任三司使，曾经推行过茶和盐铁的制度改革，他处事圆滑，考虑周到，因此在真宗朝很得赏识。同为天才式人物，寇准曾经非常欣赏丁谓，屡次向当时的宰相李沆推荐丁谓，但不为李沆所用。事实证明，李沆识人十分准确，而令寇准没想到的是，这样一个优秀的人物，会成为他致命的政敌。

这些人的崛起，与之前提到的封禅事情有关。王钦若为了能够抹杀寇准的功劳，提高自己的地位，一直力劝真宗封禅泰山。景德四年（1007年），殿中侍御史赵湘第一个上书请求真宗封禅泰山。此后，又有人上疏真宗请求封禅泰山。起初，真宗还谦虚地表示："朕之不德，安敢轻议！"但在景德四年（1007年）十一月，王钦若又旧事重提，再次向真宗提起此事，并与真宗一同劝服了本来持反对意见的王旦。

一天，王旦突然被真宗传召，要他入宫饮酒，但却神神秘秘地不说明缘由。待到宴饮结束，真宗又送给王旦一壶酒，让他回家与家人共饮。可待到王旦返回家中，打开酒壶，却发现酒壶中是满满一壶珍珠，王旦立刻明白了，真宗是想以此让他不再阻挠封禅之事。虽然王旦并不贪财，但作为臣子，得皇帝如此低姿态地示好，他便不好再推辞，也不再反对封禅之事。

从大中祥符元年（1008年）正月开始，君臣策划导演的"天书封禅"闹剧便正式开场了。这年春节后，正月初三上午，大臣们突然接到皇帝召见，要求他们速速进宫，于是，百官连忙换上朝服赶到宫里。等人都到齐了，真宗告诉群臣，说他做了一个奇怪的梦，梦到一个神仙，要求他在宫中修建道场，来年一月，上天会降天书《大中祥符》。后在真宗的带领下，大家来到承天门，见南角高处果然有一个黄色的包裹，皇帝命人架梯子上去取了下来，小心翼翼地捧到朝元殿，当众启封，两丈多长的黄帛上赫然写着："赵受命，兴于宋，付于恒。居其器，守于正。世七百，九九定。"在这场恭迎天书的仪式上，宰相王旦代表百官向皇帝祝贺，真宗接受了众臣的朝贺。真宗龙颜大悦，昭告天下，举国欢庆，同时宣布，改年号"景德"为"大中祥符"，改"左承天门"为"左承天祥符门"，大宴群臣，大赦天下。

在此后长达数年的时间里，真宗带领着整个大宋进入了一种前所未有的癫狂状态。大中祥符年间的这场闹剧高潮迭起。

大中祥符元年（1008年）三月，兖州父老吕良等一千二百八十七人诣阙请封禅。接着，又有曹、济二州耆寿赴京请愿。与此同时，王旦也率文武百官、诸军将校、州县官吏、蕃夷、僧道、耆寿二万余人五次上表恳请真宗封禅。四月，真宗终于"下定决心"，要奉天命封禅泰山。真宗任命王旦为大礼使，王钦若为礼仪使，冯拯为仪仗使，陈尧叟为卤簿使，赵安仁为桥道顿递使，分工负责封禅事宜，诏将于十月封禅。王旦无论如何也想不到，自己的名字将因此事与王钦若等人共同载入史册。此外真宗还下令在皇城西北天波门外修建玉清昭应宫，用来安放天书。

十月，封禅大戏正式上演，真宗率群臣从京城出发，到达泰山，在泰山之巅举行了隆重的封禅大典，王旦代表皇帝跪谢上天赐下祥符。当时，封禅泰山一项，便耗资800余万贯。十一月，真宗又赴曲阜祭祀孔子。同时，为了供奉天书，祭拜天神，真宗还下令在全国范围内大规模修建道观，全国修建道观2600余座。

从封禅开始到回到京城，泰山的封禅活动前后历时47天之久。之后，真宗下诏以天书降临之日为"天庆节"，百官休假五天，王旦等主持封禅的官员分别得到晋升。王旦甚至因受命编写《封祀坛颂》而加官。真宗还应各地臣民的"再三表请"，先后于大中祥符四年（1011年）和六年（1013年）亲驾至宝鼎县和亳州祭祀后土、太清宫，王旦仍作为百官之首担任大礼使。当安放天书的玉清昭应宫建成后，王旦又先后受命为玉清昭应宫使和天书刻玉使，主持天书的安放仪式，并将天书文字摹刻于石碑之上。

此后，真宗对"天命"有了近乎偏执的依赖，再也不复执政前期讲究实际、不饰虚华的行政风格。但真宗能够做出这样的事，其实早有预兆。宰相李沆在任期间，一直对生于和平时期的真宗有所担忧，他总是习惯于随时随地警示真宗，经常将有关水旱、盗贼、不孝、恶逆之事报告给真宗，并强调这些事情的发生是由于皇帝"失德"所致，虽然经常使真宗大扫其兴，为之"变色惨然不悦"，但李沆仍然坚持用这种方法来劝诫真宗，为真宗执政前期奠定了务实的基调。在当时，王旦等人还不能完全理解李沆的做法，王旦曾经向李沆请教，为何要用这种近乎"恐吓"的方式来辅佐真宗。李沆当时对真宗做出了一个的重要判断——"人主少年，当使知四方艰难。不然，血气方刚，不留意声色犬马，则土木、甲兵、祷祠之事作矣。"李沆深知，真宗与太祖、太宗最不同的地方在于，这位皇帝继位时年纪尚轻，且并没有经历过创业之苦，生活在和平繁荣的时代，并不容易理解先辈创业之艰、百姓之苦，如不时常加以警示，便容易沉溺于声色犬马，也可能陷入大兴土木、穷兵黩武甚至迷信神明的误区。而今，李沆的话果然成真，王旦在回忆起这段往事之时，内心该是五味杂陈的。

这次"东封西祀"，是一场声势浩大、极其复杂的祭祀运动，包括封泰山、建玉清昭应宫、谒诸陵、祀汾阴、崇奉圣祖、崇奉五岳、谒太清宫、建宫观等，从大中祥符元年至天禧末年（1008—1021年）持续了十余年的时间。乾兴元年（1022年）真宗去世，仁宗以天书陪葬永定陵，不再修复被焚毁的玉清昭应宫，才使这场旷日持久的闹剧最终落下帷幕。

经此一事，此后的大宋朝廷，兴起了阿谀之风。朝廷中的大多数朝臣都直接或间接、主动或被动地参与其中，为了能够讨真宗欢心，他们纷纷撰写封祀颂文，上奏祥瑞，朝野上下陶醉于所谓的"盛世"之中。本来就想借由封禅打击寇准的王钦若，有了更多说辞。王钦若曾告诉真宗，最反对天书这件事的，就是寇准。即使寇准后来请求随祀泰山，真宗也并没有因此恢复对寇准的信任。

王旦在封禅活动刚刚开始时，只觉得这件事情可笑，并未预料到这种疯狂的后果。但政治嗅觉十分灵敏的王旦却在这场闹剧结束后渐渐发现，自己在政治上陷入了孤立无援的境地。被后世称为"五鬼"的王钦若、丁谓、林特、陈彭年和刘承珪，正是借由这场闹剧登上了历史舞台。这几人在真宗的"东封西祀"中，积极策划和执行有关典故仪礼、财政调拨、修建宫观的事宜，深得真宗信赖，此后被真宗重用。丁谓更是由此在真宗心中建立了不可撼动的地位，安放天书的玉清昭应宫，便是由他主持修建。由于工期紧、工程浩大，修建玉清昭应宫如此规模的宫殿，是十分困难的。丁谓的聪明才智就得到了淋漓尽致的发挥。首先，丁谓指挥匠人们从施工现场向外挖了若干条大深沟，把挖出来的土作为施工需要的新土，以解决新土问题。其次，又从城外把汴水引入所挖的大沟中，利用木排及船只运送木材石料，解决了木材石料的运输问题。最后，等到材料运输任务完成之后，再把沟中的水排掉，把工地上的垃圾填入沟内，使沟重新变为平地。这项工程原先估计用15年时间完工，而丁谓征集动用数万工匠，严令日夜不得停歇，结果只用了7年时间便建成，因此深得真宗赞赏。

除了大部分不遗余力奉承真宗的奸佞之臣，反对封禅的势力也渐渐形成。当时，有个叫孙奭的人，他从一开始就对这场闹剧嗤之以鼻，并公开表示反对。他上书真宗力陈自己的意见："臣愚，所闻天何言哉，岂有书也！"他还声称，天下万民都知道这是骗人的，独陛下一人不知。

所谓"国将兴，听于民；将亡，听于神。"这句话告诉统治者们，国家如要兴旺发达，就要关注人民是否能过好日子；而国家如果只看重鬼神之事，那离灭亡便也不远了。随着封禅运动渐渐冷却下来，越来越多的人开始反思这场运动，其中就包括王旦。王旦甚至因没有反对真宗的这一荒谬行为而陷入了深深的自责。后来，王旦每次参加天书封祀活动时都表现得怏怏不乐，甚至想死后削发僧服以敛，以此谢罪。朝廷上，王旦艰难地对王钦若等"五鬼"进行压制，同时也有一些大臣站在王旦一边，认为"五鬼"无底线地向真宗谄媚，为了取悦真宗大肆搜刮、浪费民脂民膏，为亡国之道，这"五鬼"终会将大宋推向灭亡，但始终没有出现一位可堪大用的人与奸佞对抗。朝堂之上纷争不断，真宗看着衰弱的宰相王旦和即将被打破的权力平衡，终于想起了寇准。

大中祥符六年（1013年）十二月，在大名府政绩斐然的寇准被真宗召回，权东京留守。

大宋自立国以来，东京留守的职务就是具有极大政治意义的，因为皇帝把这个职务委托给某人的时候，就是把自己的身家性命委托了出去。皇子权守东京甚至被认为是继承大统的标志。作为大臣，掌管京畿之地是万分荣耀的事。寇准这次回归，除了标志着君臣二人时隔多年的和解，也宣布东京城内权力重新洗牌。寇准此次归朝之初，也变得更加恭顺，甚至默许了真宗推崇的"祥瑞"说法。但这种和解，并不是双方真正发自内心的接纳，在真宗心中，寇准的行为方式仍然有着致命的弱点，寇准也没有找到真宗真正厌弃自己的关键原因。

大中祥符七年（1014年）四月，王旦的身体愈加衰弱，京城中权力对比因此走向失衡，真宗再次向病中的王旦征求意见。此次王旦发病来势汹汹，久久不愈，这位饱经风霜的老臣，乘肩舆来到皇宫，在儿子的搀扶下，艰难地来到真宗面前，与他商议接替自己的人选。

"王爱卿近来身体抱恙，久而未愈，而朝廷之事不可荒废，依爱卿之见，朕要把天下大事交付给谁？"真宗问出自己关心的事情。

"天下的臣子，当然是您最了解，此等大事，全凭圣裁。"即使是在这个时候，王旦仍然有着足够体面的分寸感。

真宗又多次问他的意见，他都不回答。真宗只得退而求其次，自己提出人选让王旦选择。

"张咏怎样？"

王旦报以沉默。

"马亮如何？"

王旦不予评价。

"爱卿但说无妨。"

君臣间几经试探,王旦终于艰难而又郑重地举起手中笏板,说:"以臣之愚,可继臣之位,匡扶我大宋者,莫若寇准。"王旦气若游丝,但无比坚定。

真宗已经猜到了王旦的答案,沉默了好一会儿,又试着问王旦:"寇准性刚褊,我朝中人才济济,难道真无他人可用吗?"

"他人,臣并不了解。臣病困,不能在陛下身边长久侍奉了。臣请告退。"

一个"褊"字,道尽了真宗对寇准的整体印象,在真宗心中,寇准始终是狭隘的,他认为寇准容不下别人,没有掌管天下之事的气度,但真宗自己也明白,他想要找到寇准以外的人选来代替王旦,再次使朝廷内的势力均衡,着实不易。在王旦的劝说下,宋真宗思虑再三,最终还是准备重新起用寇准了。大中祥符七年(1014年)六月,寇准历时八年终于重回权力中心,任枢密使、同平章事。

寇准为枢密使后,他的两位副使分别是王嗣宗和曹利用,寇准对这两位副使都十分不满意。王嗣宗一直是天书封禅的大力支持者,为人乐于谄媚,而无真才实学,寇准自然不喜欢。而曹利用当年挺身而出,与辽达成澶渊之盟,寇准本该比别人更了解他的功劳,但寇准却始终因曹利用武将出身而轻慢他。某次,曹利用与寇准议事,两人意见不合,寇准甚至直接攻击曹利用:"你不过一介武夫,怎懂得这样的国家大事如何处理为妥?"曹利用碍于寇准身为老臣和自己上司的身份不好发作,但却因此深恨寇准,也开始抓住一切机会打击诋毁寇准。

而直接导致真宗对寇准再次失去耐心的人是当时的三司使林特。林特,字士奇,时为三司使,掌管天下钱粮,为真宗解决过不少难题。景德元年(1004年),真宗北征,命林特同知留司三司公事。封禅时林特为行在三司副使,奉命参与制定新茶法,使朝廷每年增加茶税收入百余万。大中祥符元年(1008年),真宗封禅泰山,林特又协助丁谓修建了玉清昭应宫。林特也因此被真宗封为三司使。此时,林特可谓盛宠正隆。可刚刚重回朝廷的寇准却经常向真宗进言林特是奸邪之辈,屡屡与其争执。林特作为三司使,向河北催绢,寇准便抓住机会授意右转运使李士衡弹劾林特,声称之前河北纳绢,而三司不收,所以才导致缺供,并上奏真宗,弹劾主吏以下官员。真宗虽然勉强答应寇准的要求,却又马上赦免了相关人员。因为河北所纳区区五万匹绢,与全国所纳百万之数相比实在不足挂齿。不久,寇准又屡次在真宗面前攻击林特,而这一次,真宗竟向近臣们抱怨:"寇准年长,经历的事情多,我以为他能够改掉自己的毛病,现在看他行事,比以往更加过分!"此时的真宗,已经听不进去寇准的逆耳忠言了,寇准所谓的"奸佞",在真宗看来正是那些不顾天下人耻笑,为自己效力的得力臣子,如果说他们做的事都是错误的,那就代表在寇准为首的群臣眼中,真宗才是错得离谱的那个罪魁祸首。

这一次,王旦也没有继续站在寇准一边,他也附和真宗道:"寇准喜欢别人顾念他的好处,又希望别人敬畏他的威仪,这两点都是作为大臣该避免的问题，但寇准却放纵自己的缺点，若非陛下为仁君，怎能容忍他！"

王旦看出，若这一次自己还是站在真宗的对立面上来力保寇准，不仅仅只是徒劳，反而可能引起真宗的反感，因为真宗的不满已经非常明显了。王旦很清楚，现在的真宗，已经不是那个能够向老臣们谦虚求教的年轻皇帝了，继位多年来，至高无上的权力早就让真宗习惯了身边人对自己言听计从，即便是谏言，也要足够委婉他才可能听得进去。所以王旦希望自己将真宗塑造成"仁君"的劝谏，能够起到让真宗原谅寇准的作用。王旦从心底里知道，寇准是最合适接任自己的相位的，他希望寇准可以做出改变，留在权力的中心。他担心的是没有了寇准这把利刃，奸佞之人会把持朝政。可不论王旦怎样努力维护寇准，寇准始终不明白王旦的苦心，仍旧我行我素，最终数月之后，真宗再次对他感到了厌恶。因为寇准的回归，不但没有让朝政快速恢复正常，反而凸显了朝中的更多矛盾，真宗再一次有了赶走寇准的想法和理由。

大中祥符八年（1015年）四月，因为与林特的矛盾，上任不到十个月的寇准再次被罢，以使相出知河南府，后改永兴军，寇准再次黯然地离开了权力中心，而林特却没有受到任何惩罚。

再次离相的寇准十分郁闷，已经没有什么能够安慰寇准了，所幸的是大宋会给离任到外地做官的宰相们一项殊荣——"使相"，寇准便请王旦帮忙，向皇帝给自己讨一个"使相"之位。

"王大人，寇某有一事相求。"看到寇准来访，王旦显得极为平静。在王旦看来,虽然对寇准有恨铁不成钢的心态,但两人的政治目标是一致的,想必寇准还有心愿未了,特来跟自己交代清楚。

"寇大人但讲无妨。"王旦带着一丝期许。

"寇某无能,被陛下所厌弃,即将离京,但若就此赴任,恐为天下人所耻笑,还请王大人代我向陛下求得使相一职……"

王旦没想到,一向清高的寇准竟因此等私事来求自己,还未等寇准把话说完,便冷冷道:"寇大人,你我同朝为官多年,难道不知道我不受私请吗?寇大人请回吧!"

寇准没有想到,王旦如此绝情,便也不再多说,自己能向王旦开口,已然是下了决心的,不想碰了一鼻子灰;但转念一想,这也是情理之中的事,毕竟自己也从未给过王旦面子。

王旦表面上并未答应寇准,甚至责怪他不该因此事而向自己求情,但随后却向真宗为寇准求得了此职。王旦觉得,以此种方式或许能够提醒真宗,寇准的功绩是不容抹杀的,使被贬的寇准不至于被太快遗忘。此刻,寇准才对王旦和自己都有了更深的认识,寇准终于发自内心地认为自己与王旦确实有差距,无论是见识还是气度。这是寇准在官场生涯中第一次对别人心悦诚服,也是寇准第一次开始认真审视自己,但这第一次,似乎来得有些晚。

就这样,寇准被任命为武胜军节度使、同中书门下平章事,即"使相"一职,到河南赴任去了。

寇准罢枢密使后,朝中波澜再起,而且斗争愈加激烈。因为身体日渐衰弱的真宗更加迫切地希望能得到上天的肯定,祥瑞、天书等事情，成了真宗的一大精神寄托，朝廷上下都到了癫狂的地步。

大中祥符九年（1016年）夏天，大宋闹了一场蝗灾，朝廷上下束手无策。虽然没有更好的治理办法，但随着时间的推移，灾情逐渐减轻，这本是寻常的自然现象，真宗却希望将蝗灾的消弭作为一种上天的暗示来稳定民心。在出现蝗灾后，真宗曾去玉清昭应宫、开宝寺、灵感塔焚香祈祷，又禁宫内奏乐五天，然后派人去郊外捡来死蝗，想要以死蝗证明自己的诚心已经感动了上天。真宗派人将已死的蝗虫展示给大臣们，然后对他们说道："朕遣人到乡郊野外察看蝗灾情况，大多数的蝗虫已经死掉了。"得到了真宗的这种暗示，善于谄媚的官员便心领神会，第二天，丁谓便将死蝗虫放在袖中来到朝堂之上，两府奏事时，将死蝗进献给真宗，还编出了一套荒谬的说辞：

"恭喜陛下，臣视察蝗灾情况，发现确如陛下所说，蝗虫大部分已经死掉了。臣还特地将死蝗带回。如此祥瑞之象，实乃天佑我大宋，我大宋必将江山永固，定要将此昭示天下。臣应带领百官向陛下朝贺……"此时丁谓的权力已经十分稳固，其他官员多有攀附之心，听闻丁谓如此说辞，竟然争相附和。

王旦见此情景，立刻打断了这荒唐的说辞，冷冷说道："蝗虫大规模出现，就是蝗灾，如今蝗虫到了死亡的时候，灾害自然消弭，这种事情，有什么可恭贺的？"

说来也巧，两府刚刚奏报完毕，便有一群飞蝗蔽天而来，其中一部分飞入了大殿之中，大臣们瞬间陷入慌乱，只能在大殿之上踩踏蝗虫，全无体统可言……

待平息之后，真宗依然心有余悸，对丁谓和王旦说："幸得王旦劝阻，若真令百官朝贺，再遇如此情景，岂不为天下所耻笑？"

丁谓马上又附和道："王大人毕竟是德高望重的老臣，深谋远虑，见识颇多，臣等实在是难以望其项背呀。"

这件荒唐事虽然最终被王旦制止，但诸如此类的荒唐事频频发生，已经让一些大臣们产生前所未有的危机感。朝臣们因为对"天书封禅"态度的不同而分裂成明显的阵营。丁谓等被时人斥为"五鬼"的新兴势力因为对真宗俯首帖耳，逐渐占据了朝廷的要津。一些正直的老臣们甚至因为寇准再度离相，这些奸佞之人再无约束，做好了与"五鬼"玉石俱焚的打算。

寇准的挚友张咏于大中祥符八年（1015年）去世，去世前，曾向真宗奏请斩丁谓——他认为丁谓蛊惑真宗，耗费巨资修建宫殿，实乃"竭天下之财，伤生民之命"，张咏激烈地表示："乞斩谓头置国门以谢天下，然后斩咏头置丁氏之门以谢谓。"可惜他恳切悲壮的临终之言并未打动真宗。八月，张咏带着对大宋和寇准的无限担忧离世了。

第四节　天书闹剧

此时大宋的政局，正朝着令人担忧的方向发展。天禧元年（1017年），寇准在永兴军任上，七月，三旦因病罢相，王钦若拜相，李迪为参知政事，九月，王旦去世。此时真宗的身体也日渐衰弱，皇权的交接也成了不可避免的话题。天禧二年（1018年），真宗立赵祯为皇太子，以李迪兼太子宾客，但真宗以及各方势力都明白，看似平静的局面已经暗流涌动。

京城之中，出现了几方利益各不相同的政治势力。最为得势的自然是深受真宗信赖的"五鬼"一派，他们依然毫无底线地迎合真宗的喜好，一次次纵容祥瑞、天书等闹剧，朝廷上下因此陷入乌烟瘴气当中，他们只希望能够从真宗身上获取更多政治利益，全然不顾大宋社稷。另外一派，便是继承了李沆、王旦等旧臣遗志的政治新秀们，他们希望能够结束封禅泰山以来的荒唐局面，恢复朝廷的正气，他们中的代表有李迪、王曾等。但政治上的不成熟导致他们尚未取得真宗的完全信任，也导致他们没有足够与"五鬼"抗争的政治资本。天禧元年（1017年），真宗下诏任命时为参知政事的王曾兼任"会灵观使"，这个职位虽然没有任何行政上的权力，但却代表着真宗的信任与认可，不但可以参与到封祀活动当中，更能迅速拉近与真宗的距离。但年轻的王曾却不愿意接受，他觉得，如果接受了这样的职位就等同于与"五鬼"等人同流合污，想要婉拒，却被真宗批评不以国事为重，不识大体。

此后，臣子对天书、祥瑞等鬼神之事的态度甚至成了真宗判断臣子们是否忠于自己、是否有能力为官的一个标准——尊崇鬼神、祥瑞之说，自然会被真宗重用，反之，则难以从真宗处取得信任。

此时的朝廷，亟需一个能够统协各方势力，保证大宋皇权平稳交接的人出现。在大多数人心里，寇准是完成这件大事的不二人选。

王旦这棵大树不在之后，京中还是有不少人盼着寇准回去继承王旦衣钵，与王钦若、丁谓之流分庭抗礼，他们也乐于为寇准提供消息。经过多方协调，真宗信任的宦官周怀政为寇准指出了一条明路——若想回京，还是要在"天书"上下功夫。

寇准在朝廷大兴"天书封禅"、各地争相虚报祥瑞时，他对这些事是嗤之以鼻的，他从根本上认为这种事情可笑至极，只是那些奸佞之人获得权力的一种捷径罢了。某次祭祀中，丁谓为了迎合真宗心态，烘托祭祀仪式的神圣氛围，向真宗说道："陛下，臣发现，每遇醮祭大事，都会有仙鹤盘舞于殿庑之上，久久不肯离去，此乃吉兆啊！"等到记录真宗东封泰山这件事的时候，他特意命令史官加上"宿奉高宫之夕有仙鹤飞于宫上"这样的记载，还夸张地记述，在封禅过程中，有仙鹤在前飞舞引导，在塞外都能看见不计其数的仙鹤……后来夸张到每次向真宗报告关于天书现世的事件，必然会提起有仙鹤引导。寇准当时正在洛阳任职，有一天与僚属坐在山中的亭子里，忽然有数十只乌鸦飞过，寇准笑着对众人说："要是让丁谓看见了，恐怕要称为黑色的仙鹤了。"

天禧三年（1019年）三月，有人报告称在长安西南的乾祐山发现了天书。在那个天书频频现世的时代，这并不稀奇，只是这次，天书出现在寇准所治的辖区内。

"发现"天书的是一个叫朱能的巡检。按常规，天书所出现辖区内的长官必须上报，但起初，寇准深知天书之事尽是造假，并未上报，但朝中各方势力对这次的天书却表现得异常激动——有些官员大斥朱能造假，比如鲁宗道和孙奭两位大臣上疏称天书妄诞，乃奸臣所为，孙奭力劝真宗斩杀朱能以谢天下；另一方面，寇准的政敌们也将此事作为打击寇准的一个好机会，王钦若趁机给真宗出主意说："陛下，臣曾言，这天下，最不相信天书存在的人，非寇准莫属，现在，在寇准的管辖地出现了天书，就应当让寇准亲自献上，如此，才能让天下百姓信服。"王钦若认为，以寇准刚直的个性，定然不会答应献天书一事，以真宗对寇准的厌恶程度，只会以此责罚寇准。真宗现今已经对天书的真实性深信不疑，不追究朱能造假之事，命令寇准献上天书。

此时的真宗，身体已经十分衰弱了，除了迫切需要更多人认可天书封禅之事，也更迫切需要寇准回来主持大局。于是真宗授意周怀政，要求寇准携天书入朝觐见，后来更是命寇准的女婿王曙给寇准写信，要求寇准速速前来。

虽然觉得这件事情无比可笑，但在这个非常时刻，寇准也知道自己必须尽快回到中央，整顿朝纲，稳固大宋的江山社稷。尽管下定了决心要重回京城，但寇准还是矛盾的，为官以来，寇准最引以为傲的便是自己不畏皇权、坚持公理，遇到重大选择，甘愿冒着风险，也要左右天子做出更正确的选择。太宗皇帝在位时，曾经将他比作大宋的魏徵，寇准自己又何尝不以自己的直言敢谏为傲？而如今，却必须以一个谎言为跳板，回到权力巅峰。

这是最让寇准接受不了的,所以他才迟迟不向朝廷上奏发现天书一事。但寇准知道,自己即便背负骂名,即便被信任自己的朝臣非议、不理解,即便有再多不甘,自己也必须回到京城去;此时,真宗病重,太子年幼,皇后刘氏势力渐弱,朝中奸佞横行,唯以自己的资历、威望、能力,才能力挽狂澜,稳定大局。而此次进献天书便是一个既有的契机,下一个契机在哪里,谁又能说得准呢?为了国家大事,做一两件违背内心的小事又算什么?即使背负历史骂名又算什么?这一次,寇准决定跨过这道坎,经历回京之路上的任何一场考验。

对于寇准的选择,身边人也充满担忧。在寇准进京之前,他的门生曾建议他:"公若至河阳,称疾坚求外补,此为上策;倘入见,即发乾祐天书诈妄之事,尚可全平生正直之名,斯为次也;最下,则再入中书,为宰相尔。"

寇准的这位门生给寇准提供了三个选项,上策是按照圣旨要求出发,一旦过了黄河,便称病请求继续外放做官,这样既没有忤逆真宗,还保住了自己的前途,这是最好的办法;第二选择便是携天书入京,见到真宗便揭发天书作假一事,这样做便能成全自己的一世英名,这是其次的办法;而最差的办法,就是借由此天书,求得真宗信赖,再度入中书为相。因为如此一来,寇准进献天书的事情无疑会成为其人生中难以抹去的污点之一,寇准也必将被卷入京城复杂的纷争当中,真宗本就不完全信赖寇准,而此时朝中奸佞横行,局势迷雾重重,此去前路必充满凶险。

但寇准似乎并未犹豫,想全大节,又怎能将个人荣誉、前途命运算在其中？寇准管不了那么多，不顾前方挑战重重，他毅然做了最下之选。面对近乎癫狂的真宗以及处在权力交替风暴前的大宋，出于挽救朝廷于危机之中的责任感，寇准放弃了自己的原则，于天禧三年（1019年）三月上报乾祐山发现天书，请求携天书入京面圣。

此次入朝，将是寇准起伏不断的官场生涯中，最后一个高峰。

第七章 天禧政争

第一节 再入中书

天禧三年（1019年）六月，凭借着天下人都认为有诈的一份天书，五十八岁的寇准再次回到了让他魂牵梦萦的京城，回到了这个集中国家权力，却又关系错综复杂的是非之地。虽然早有人提醒他，回来担任宰相乃是下策，但寇准明白，接下来他要做的事，比自己的原则、名声都更重要——他要做的是再一次影响大宋的前途命运的大事。

回到京城的寇准想起的三十年前，正是端拱二年（989年），太宗对寇准的欣赏之情溢于言表，超常提拔他为枢密院直学士，掌吏部东铨，可谓委以重任。当他看到当年亲手种植的梧桐已长成参天大树，不禁感念自己一生为大宋奔波，三十年来初心不改，而今仕途却愈发坎坷，前路比少年时更加渺茫。寇准写下了《判都省感怀》：

> 昔为学士掌三铨，屈指年光三十年。
> 秋雨滴阶桐已老，白头重到倍依然。

如果说寇准再次回到权力中心只是因为他向真宗进献了天书，那只能说明，真宗并不是个成熟的君主，甚至是个昏君。但事实恰恰相反，真宗召回寇准，除了要让他对天书之事或者说对皇权低头，还有多方面考虑。他是真宗的精心之选，也是无奈之选。

真宗决定再次起用寇准，实则是为了解决一个关系到大宋国本的问题——立储。

与太宗晚年立哪位皇子为储君的烦恼不同，真宗现在面临的是仅有一个子嗣可继承皇位的情况。真宗共有六个儿子，前五子都未来得及赐予封号就早夭了，终于在大中祥符三年（1010年），后来的宋仁宗——赵祯出生了，天禧二年（1018年），真宗立赵祯为皇太子。虽然摆脱了后继无人的窘境，但根据史书记载，此时真宗患上了"不豫之症"——会变得糊涂，无法与人正常交流，无法处理朝政，甚至是长时间陷入昏迷。考虑到自己糟糕的身体状况，真宗担心年幼的皇子接过皇权后无法顺利亲政，回忆起自己做皇太子的经历，真宗更下定决心要为年幼的赵祯找到值得托付的大臣。

王钦若？经过深思熟虑，真宗否定了这一想法。王旦死后，真宗身边的权力天平正在逐步失衡。此时此刻，对于真宗来讲，任何迅速膨胀的权力都值得警惕。即使王钦若一直备受真宗信任，但真宗也明白，要他顺从、谄媚、讨自己欢心，他是做得到的，但要帮助幼主做出正确的政治决策，他并不具备这个能力。加之随着越来越多的人对王钦若提出质疑与否定，真宗对他的信任也发生了动摇。真宗并不希望王钦若的权力在没有强有力约束的情况下一直膨胀下去。放眼望去，除了自己讨厌的寇准，整个朝堂似乎没有更合适的人选了。

再次回到东京的寇准也发现了这样的问题。昔日的东宫旧臣或已离世，或已老迈，他们曾经能够适时地提醒真宗，甚至否定真宗。而当下真宗身边的臣子们，则多数是由皇帝一手提拔起来的，他们对真宗的态度，多是顺从和恭维，难以真正帮助真宗做出正确决定，朝中再难出现如寇准一般敢于直言进谏、敢于否定皇帝的人物了。

寇准一回到京城，便开始大刀阔斧地为整个大宋谋篇布局。第一步，便是为自己挑选合格的盟友，改变自己孤立无援的境地。于是，他开始审视身边的人。

他想到的第一个人就是李迪。李迪是太子宾客，是真宗亲自挑选出来辅佐太子的人，他如果能够成功辅佐太子亲政，无疑将会平步青云。而且李迪与寇准的政治目标相同——帮助赵祯顺利接过皇权，辅佐他成长为合格的皇帝。为了实现这个目标，李迪曾明确反对刘皇后干政。他认为如果任由刘皇后干预政事，那就意味着赵祯继位后，难以立刻掌握权柄，甚至可能会被刘皇后拉下皇位。但刘皇后刚开始并没有将李迪放在眼中，她曾经对旁人说过,"李迪所擅长的就是不犯错误,并无其他突出的才能,不能用他来掌握朝廷大局。"可见刘皇后并不十分认可李迪的政治才能,事实上,李迪在政治上也确有明显的不成熟之处——他对敌人的打击总是过于直接又缺乏杀伤力。

寇准的阵营中,还有一个至关重要,却很少出现在台前的人物——向敏中。寇准在真宗朝经历了几次起落,每次任用寇准,真宗都是有顾虑的,在真宗心里,寇准始终不是托付朝政的最佳人选。因为朝中先后有李沆、毕士安、王旦等人坐镇,真宗才敢起用寇准。而这一次,真宗能再次放心地任用寇准,也是因为此时权力核心中,还有向敏中可以倚重。但此时,向敏中这样的大臣明显力不从心了。那些曾经陪伴真宗一路成长的旧臣或是苍老不堪,或者已经离世了。因此,真宗又培养起一批可以为赵祯所用的臣子,但这股势力的羽翼尚未丰满,而且他们都是和平环境下成长起来的,并没有经历过残酷的皇权交接。比如号称"神童"的晏殊。他五岁能作诗,七岁能作文,十四岁就被真宗赐同进士出身,真宗任命其为秘书省正字。寇准曾因晏殊是南方人而对他抱有成见,但这并没有影响真宗对晏殊的喜爱,也没能掩盖晏殊卓著的才华,在寇准到地方任职的时间里,晏殊正稳扎稳打地向着权力中心挺进,后被真宗任命为太常寺丞。

再如同样是"神童"的杨亿,虽然比晏殊资格更老,但实践证明杨亿同样难以担当大任。杨亿七岁能文,十一岁应召赴试,作《喜朝京阙》诗一首。其中"愿秉清忠节,终身立圣朝"一句深得太宗赏识,授其秘书省正字,负责国家藏书的刊正等工作。

杨亿十七岁进京献文，被太宗授任太常寺奉礼郎，令读书秘阁。与寇准、晏殊等人不同，杨亿在受到皇帝重视后并没有展现更多的政治才能，反而只专注于文字，成为文学侍从。太宗驾崩后，真宗因杨亿曾为其幕僚，提拔他为左正言。

因为杨亿为人正直清高，大中祥符年间，其官场生涯也并不平顺。杨亿短暂赴外任职又回到京城，却屡屡受到政敌攻击。杨亿政治上的不成熟也表现了出来。杨亿曾作诗劝谏真宗，认为大兴土木求仙祀神太过劳民伤财，此举又被政敌王钦若、陈彭年等抓住攻击。大中祥符六年（1013年），杨亿母亲生病，杨亿向真宗请求归省，却不等到真宗批准便私自成行，又遭人弹劾。杨亿因此向真宗请求解官，真宗并未准许，只让其归乡事母。次年，杨亿奉命外调到河南汝州。大中祥符八年（1015年），杨亿离开汝州，回到京城继续担任文学侍从。

即便真宗如此包容杨亿，大力提拔晏殊等人，似乎朝中仍然缺乏一股强大的力量将一切推上正轨。

正是因为这种局面，更多的人持观望态度，而寇准也在与自己的敌人们艰难斗争着。这一次，寇准也没有想到，他官场生涯中最难缠的对手，也在观察着他。这个人，正是在他升宰相之日同入中书的参知政事丁谓。

与心怀天下的寇准不同，丁谓是一位忠实的权力追随者。以丁谓对真宗及整个朝局的了解，他认为，寇准将成为接下来一段时间内整个大宋最有实权的人物之一，虽然丁谓知道寇准不喜欢自己，但仍然希望能够缓和与寇准的关系。但丁谓与寇准始终是不同的，寇准始终心怀国家社稷，而丁谓所关注的，不过是自己的权势地位。当丁谓企图讨好寇准的时候，两人之间却发生了一件后果十分严重的事。

《续资治通鉴长编》记载，天禧三年（1019年）六月某日，发生了这样一件事。按照惯例，中书省的同僚们会共同用餐。席间，再次回归朝廷的寇准自然成了众臣僚中间的主角。由于寇准特别喜欢肉羹，所以席上也出现了这道菜。用餐时，寇准不慎将肉羹洒在了胡须上，这本是再平常不过的小事，寇准自己也没有在意，但被心细如发的丁谓看见了，他带着笑容提醒寇准道："寇大人慢些食用此羹，这肉羹已经沾到大人的胡须上了。"说着，丁谓起身来到寇准面前，毕恭毕敬地想要帮寇准拂去胡须上的污物。丁谓并没有期待寇准能够感谢自己，只是想表明自己对寇准的敬意，不想，寇准却因此在众同僚面前给自己难堪。

"丁大人乃一国参政，难道心里惦记的就只有为长官溜须一事吗？"寇准的质问带着笑，满是戏谑和嘲讽。读书之人，最看重的便是名节，而在此会餐的官员都是朝廷栋梁，寇准当众的一番话直接对丁谓的人品、气节表示了质疑，这让一向谨慎的丁谓始料不及。不仅丁谓，在场的大小官员们都没有想到，寇准会这样直接地讽刺丁谓。此刻的丁谓尴尬至极，只得轻描淡写将此事敷衍过去，但此事在丁谓心中深深地埋下了仇恨的种子。这件事不但在当时扫了丁谓的面子，更使丁谓被嘲笑了近千年。这件事成了两人矛盾激化的最直接导火索。当然，这种决裂似乎是历史的必然——忠臣总是要得罪奸臣的。

丁谓是城府极深之人，对待寇准，他极尽客气与尊敬。而在寇准心中，其他人对他阿谀奉承也好，客气有加也罢，都是弱者对强者的臣服，寇准对此也很受用。但这一次，寇准轻敌了，他没有将眼底的鄙夷收起来，而让那些本想攀附他的人恐惧起来，他再次把自己放在了孤立无援的地方。

为了巩固权力，丁谓总是在寻求盟友的路上，所以丁谓当然不会将希望都寄托在寇准一人身上，他不止有一个选择，丁谓甚至不一定要将目光都放在朝中，高大的宫墙之内，也有不错的选择。

第二节　中宫之主

此时，中宫正位的主人刘娥，也就是我们前文提到的刘皇后，也正逐步显示出独到的政治眼光和才华。但大宋不同于辽，皇帝和朝中一些大臣对这样一位能力超群的皇后，更多的是防备。在中国古代，外戚干政的例子比比皆是，往往对皇权造成很大威胁；更重要的是，真宗唯一可继大统的皇子赵祯并非刘皇后亲生，真宗和大臣们十分担忧这位精明的刘皇后会干政篡权，致使宋氏江山旁落。

说起刘皇后，她的人生经历相当传奇。刘皇后从小便是孤女，年纪不大便嫁与同乡龚美为妻，二人生活并不富裕，曾一度离乡谋生，此间，刘皇后还曾卖艺求生。也正因此，刘娥才能遇到当时的襄王赵元侃（即真宗）。真宗见到刘娥后，见其面容姣好，聪明伶俐，便有意将刘娥留在身边。龚美得知此事，不愿得罪王府，改称是刘氏的表哥，让刘氏入王府。当时，真宗的乳母并不喜欢刘娥，因为她出身低微，又是一名整日抛头露面的卖艺人，她怕此事影响到真宗的未来，就将此事报告给了太宗。太宗对真宗的这一行为极为失望，便命令真宗将刘娥驱逐出王府。无奈之下，真宗只得"金屋藏娇"，将刘娥安排在亲信家中。直到真宗即位，刘娥才得以正式入宫。真宗曾欲封刘氏为贵妃，还遣使持自己的手札问于李沆，因刘氏出身问题，李沆也表示明确的反对。而聪明的刘娥见此情况，立即借故请辞，赢得了尊重大臣的美名。后来，真宗的五子全部早夭，中宫也开始出现缺位。大中祥符年间，刘娥的实际地位一直在稳步上升。大中祥符五年（1012年），刘娥正式被真宗封为皇后，而此前，她就已经帮助真宗处理政事多年。大中祥符年间，真宗将更多的精力投放在封祀活动中，刘皇后便一步步学习处理政事，扮演了一位出色的幕后统治者。多年的学习锻炼，使刘皇后学到了真宗为政的长处，又认清了真宗大肆封祀的弊端，虽然站在真宗身后，但刘皇后对大宋政治的影响，已经十分深刻，她是真宗最得力的助手，也是真宗百年之后最高权力的竞争者。

刘皇后的聪慧，史书有过明确的记载。《续资治通鉴长编》中记载，刘皇后"性警悟，晓书史，闻朝廷事，能记本末。帝每巡幸，必以从。衣不纤靡，与诸宫人无少异。庄穆既崩，中宫虚位，上即欲立之，后固辞。良久，将降诏，而宰相王旦忽以病在告，后疑旦有他议，复固辞。于是中书门下请早正母仪，后卒得立。凡处置宫闱事,多引援故实,无不适当者。帝朝退,阅天下封奏,多至中夜,后皆预闻之。周谨恭密,益为帝所倚信焉。"这段说的是刘皇后生性聪明,通晓史书,对朝堂政事也很感兴趣,因此深受真宗喜爱,真宗每次出巡,必会带着刘皇后一同前往。而除了这些,刘皇后还具备其他贵族女性很难具备的优点——节俭。这倒并不难理解,毕竟刘娥出身寒微,习惯了简朴的生活。虽是一位充满政治野心的女性,物质上的享受却并不是她所追求的。同时具备多种美德的刘皇后,因为参与到了权力的竞争中,还是面临着巨大的压力。

一方面,她的出身问题曾致使大臣们极力反对她登上中宫之位。当时,寇准、李迪和杨亿等高级官僚对此反对得最为激烈,杨亿担任翰林学士,曾深受真宗信赖,但在丁谓要求杨亿起草立后诏书时,杨亿却提出了"请三代"的要求,即要求调查清楚刘娥的父辈与祖辈,这个要求看似正常,但刘娥本是孤女,到哪里去寻三代家事?真宗和刘娥都对这位"真有气性,不通商量"的爱臣无可奈何。为解决刘娥出身低微、无宗族的问题,真宗甚至以美差为诱饵,拉拢当时权知开封府的刘综给刘娥做亲戚。

真宗带着讨好的语气问刘综:"爱卿与刘德妃是近亲,因此朕有意提拔爱卿,不知爱卿作何感想?"没想到,刘综却并不买账,他直接回复真宗:"臣本是河中府人,出于孤寒,在宫中不曾有亲戚。"以此明确拒绝了真宗。大臣们为了阻止刘娥为后,甚至直接为真宗准备了另一位出身高贵的皇后——前宰相沈伦的孙女沈才人。在真宗提议立刘娥为后的时候,参知政事赵安仁直接提出，刘德妃家世微寒，不可母仪天下，不如沈才人出于相门。在现在看来，大臣们纠结刘皇后的出身似乎过于苛刻了，但在当时，封建等级制度十分森严，普通人家婚嫁尚且讲究门当户对，更莫说要挑选一国之母了。

但中宫之位已空悬五年，且大中祥符三年（1010年），宋真宗唯一的皇子出生，刘娥取为己子，以此有了立身之本，群臣不得不向真宗妥协，由中书门下向真宗提出立刘娥为后的请求，接受了这位出身寒微的皇后。但在这一过程中，刘娥也记住了每一个反对她封后的人的名字——李迪、寇准、杨亿、赵安仁……以及那些支持她，可以为她所用之人——王钦若、丁谓、曹利用……为了能够看清众人态度，刘娥也十分谨慎。王旦曾在真宗要求下诏书封后之时突然告病假，这让刘娥感到不安，她因此推辞了真宗的册封。在管理后宫事务时，刘娥再次体现了她的才能，她做到了公平公正，将后宫治理得井井有条。在协助真宗处理政事的时候，更是尽心竭力，越来越为真宗倚重。

另一方面，刘娥并没有给真宗生下一儿半女。刘娥身边有位侍女李氏，庄重寡言，体格健壮，甚至曾被误认为是男子，就是这样一个普通的侍女，在真宗和刘娥的安排之下，为真宗诞下一子，真宗将这个孩子安排给刘娥为子，这个皇子就是后来的宋仁宗赵祯，赵祯的生母也被封为妃子，得以善终。这也是民间传说"狸猫换太子"的历史来源。在真宗的不懈努力之下，刘娥历尽艰辛，终于登上了皇后的宝座。为了能够让刘娥有所依靠，真宗亲自为自己这位"孤女"出身的皇后安排了外戚。此人就是刘皇后之前的丈夫——龚美，真宗赐龚美刘姓，让他真正做了刘娥的哥哥，从此改名为刘美。真宗还煞费苦心地给刘美封官，就是为了使之成为刘娥的助力，不至于让刘娥在朝中孤立无援。这种来自皇帝明目张胆的维护，也使一些善于钻营的人对刘皇后的权势趋之若鹜。曾与杨亿共同修著过《册府元龟》的钱惟演为了攀附刘皇后，将自己的妹妹嫁给了刘美，成为皇后外戚，而这确实让他收获颇丰。大中祥符年间，钱惟演历任翰林学士、工部侍郎、知贡举、给事中、枢密副使、太子宾客、工部尚书。而钱惟演与丁谓交好，二人成了帮助刘皇后扫清权力之路上障碍的重要成员。

不管是刻意而为，还是无心之举，客观上，围绕着刘皇后形成了一股不可小觑的政治势力。王钦若自不必说，只要是能够迎合真宗皇帝的决定，他都无条件拥护。钱惟演、丁谓、曹利用等人，都暗暗向刘皇后靠拢，成了刘皇后的忠实支持者。但刘皇后明白，自己最大的政治靠山，始终是对她信任有加的真宗皇帝。

真宗对刘皇后的信任，终于在其病重时，出现了些许动摇。天禧年间，真宗的不豫之症时常发作，此症每当发作，朝政便全由刘皇后做主。时间一久，朝中除了有人夸赞刘皇后贤德，"牝鸡司晨"的争议也慢慢出现了。真宗对刘娥感情深厚，但对涉及赵氏江山社稷的大事，他必须要控制一下私人之情了。真宗很清楚自己的身体状况，眼看着自己就要将大宋交到年幼的孩子手中，那么，由谁来帮助年幼的皇子扶稳手中权柄就是当务之急。是辅助自己多年的刘皇后，还是带领大宋做出过数次重要选择的寇准？

为了让真宗减少对刘皇后的信任与依赖，寇准等大臣一再向真宗表示太子有能力接手国家事务，不需要刘皇后来辅佐。天禧三年（1019年）九月，在一次皇家宴会后，参知政事、太子宾客李迪对真宗说："昨日东宫赐宴，臣有幸受邀陪同侍奉，观太子的行为完全符合皇家礼仪，他为人沉稳，不会轻易发表意见，在看戏的时候，也不会放肆大笑，左右臣下看到太子这样，无不恭肃，皆以为此乃大宋之幸也。"

真宗对这个评价很满意，毕竟是自己的皇子，真宗对赵祯也很了解，于是欣慰地说："太子平日也是如此，不会随意发表意见，李爱卿所言非虚。"

寇准接着说道："皇太子生性仁厚有德，既有皇家威严，又温和有礼，加之他严格遵循您的教导，勤于实践，乐于学习，这实在是国家之幸，天下之幸啊。"

此时，皇太子赵祯还不满十岁，李迪、寇准对皇太子的这番夸赞实际上是在告诉真宗，太子已经具备成为合格继承者的基本素质，政事上，可以不再依赖刘皇后了，他与李迪完全可以负担起教导太子处理国事的职责。但此时，真宗显然还没有下定决心，选择寇准、李迪，还是皇后刘娥来托付身后之事，他还在摇摆不定。

行为得体只是继承皇位的一个条件，能够使天下臣服，才是作为统治者的关键。为了提升皇太子在朝中的地位，在这次称赞太子两个月后，寇准又对太子在庆典中的位次问题向真宗提出了异议。

在某次庆典中,皇太子的位置被安排在了宰相之前,这本是再正常不过的事了,但按照礼仪,皇太子应该推辞,而这一次,一向不畏权贵的寇准却不让皇太子再推脱,毕恭毕敬地坚持要求皇太子站在宰相之前。寇准的这个举动,意在向真宗强调太子的尊崇地位,也是在表明自己辅佐太子的决心。

但即使这样,真宗也并未在刘娥与寇准两方之中做出选择。为了帮助真宗下定决心,没过多久,寇准便向刘皇后宣战了,突破口正是外戚刘美。

刘美本也是穷苦出身,他曾经就是个普通的银匠,成为外戚之后,被真宗破格提拔做了官。刘美并无政治才能,也不像刘皇后那般机敏聪慧,却在复杂的官场上行走,反而成了刘皇后的弱点之一。

某日,以善谏闻名的寇准,向真宗报告了这样一件事。刘氏族人仗势欺人,在四川横行乡里,与民争利,侵占了他人盐井。

"启奏陛下,臣最近听闻,皇后兄长刘美指使族人抢夺他人盐井,甚至不顾法度,干预地方官员行政,导致民怨四起,作为皇亲国戚,置国家法度于不顾,有损皇家颜面,实乃大逆不道,还请陛下明察,严惩刘美!"寇准再次拿出了不可置疑的语气。

当时真宗身体欠佳,而寇准正想借此时机扳倒刘美,打击刘皇后。但这件事还是引起了真宗的不满,因为此前监察御史章频受皇命到四川处理民间盐井案件时,就发现了刘氏族人依仗皇后势力受贿,干预地方案件处理,章频也因此向真宗请求严惩刘美。当时,真宗就因此事涉及皇后,而把这件事压了下来,并将章频派往宣州，替刘皇后化解了这次危机。此时寇准重提此事，目标当然不是刘美，更不是为章频抱不平，而是想要借此打击刘皇后，打击整个皇后党。而这一次，真宗仍然没有处理刘美，反而斥责了寇准。

"此事早已有了定论！如今你旧事重提，是何居心？明知朕近日身体欠佳，此时来挑起是非，是觉得朕糊涂了吗？还是你一定要我大宋朝堂不得安宁才肯罢休？"

听到真宗如此严厉地斥责自己，一贯善辩的寇准一时间竟然无言以对，经历三十载官场沉浮，此时的寇准终于意识到，自己不能再以卵击石、自讨苦吃了，必须要有十足的把握再出击。寇准也不复当年与太宗争论时挽衣留谏的执着和自信，惶恐地退出殿外。

寇准对刘皇后的打击并没有帮助摇摆的真宗下定决心，反而加速了刘皇后联盟的形成。翰林学士钱惟演将自己的妹妹嫁给刘美，又将自己的女儿嫁给丁谓的儿子。刘皇后的"族人"立刻多了起来。此外，此前就被寇准轻视的曹利用也默默向丁谓靠拢，刘皇后一党的核心人物全部聚齐。更重要的是，刘皇后、丁谓一方与寇准一方最大的区别在于，他们行事更加低调。正如当年无论寇准等人如何攻击刘皇后出身低微，刘皇后始终隐忍不发一样，在寇准拿出刘氏族人的案件向刘皇后发难时，刘皇后还是始终站在真宗背后，寻求皇权的庇佑，并未急于反击报复。这样看来，刘皇后一党与寇准相比，更加擅长政治斗争，他们的隐忍并非按兵不动，而是在等待一个时机，一个将寇准等人彻底排挤出去的时机。

这个时机没有让他们等待太久。天禧三年（1019年）六年，黄河在滑州决口，灾区饿殍遍野，为治理黄河，朝廷大兴力役，一时间，民怨沸腾，举国动荡。这本是一次并不罕见的天灾，但时任右正言的刘烨却向真宗上奏，要求朝廷罢免宰相，以应天变。

"陛下，此次黄河决口实乃上天对为政者不满导致，臣以为，寇相难辞其咎，应该自请离相，以平息天怒……"听到刘烨以这样的理由逼迫自己交出权力，寇准便知道，是有人在背后指使。这种看似滑稽的逻辑却有着非常高明的地方——如果说各地频繁上报的祥瑞是因为真宗的圣明，那灾祸的出现证明宰相执宰不当也并不荒谬。作为皇帝的重要帮手，如果宰相辞官可以平息天怒，也不失为一种替皇帝分忧的方式，更是忠心的重要表现。

"刘大人，现在谈平息天怒为时尚早吧？当务之急是如何安抚百姓，稳定时局。倘若寇准现在下台，岂不是弃天下百姓于不顾？若寇准走后，此灾仍未消弭，难道刘大人下一步要逼迫陛下向天下谢罪吗？"寇准略带愠色，刘烨再不敢作声。

"寇爱卿所言甚是！此乃天灾，与宰相执宰好坏有何关系？众爱卿应合力救灾。罢免宰相兹事体大，寇爱卿鞠躬尽瘁，怎可妄论！"真宗再次将事态平息。

这就是刘皇后、丁谓等人在这场斗争中比寇准高明的地方，他们很少亲自跳出来，旗帜鲜明地反对或者打击寇准，而是一直躲在更隐蔽的地方指挥他人对寇准发起攻击，即使失败，也不会影响自身。除了手段高明以外,更多时候,刘皇后和丁谓也无需主动出手,毕竟刘皇后作为皇室成员,其地位与大臣相比是稳固的,只要刘皇后不犯致命的错误,以真宗对刘皇后一贯的支持态度来看,刘皇后不会轻易被真宗舍弃。丁谓在资历与寇准存在明显差异的情况下,通过钱惟演的联姻与刘皇后的关系更加亲密,他只需维系好与刘皇后的关系,继续等待时机便可。

很快,寇准注意到真宗身体状况越来越差,决定不再等,要尽快划定大宋的权力版图。

天禧四年(1020年)二月,真宗的不豫之症再次发作。寇准突然将李迪、丁谓等人召集起来。

"如今陛下身体抱恙,恐怕难以再继续操劳国事,应当静心休养,军国大事暂时由太子来统领,我等竭力佐之,不知诸位同僚意下如何?"寇准说罢,便看向李迪、丁谓。

"皇太子替陛下分忧,本就是天经地义,当前陛下身体状况堪忧,监国一事不可再拖。"李迪自然是同意太子监国的,发表完自己的见解,李迪、寇准二人便等着看丁谓的态度。

过了一会儿,丁谓才缓缓开口:"二位大人所说确实有道理……不过……"

"丁大人在担心什么?"李迪见丁谓吞吞吐吐,便打断他问道。

"不过此事事关重大……"

"当然事关重大,事关我大宋社稷,丁大人更不可贻误时机,以免滋生祸事啊!"寇准想要逼迫丁谓赶紧做出决定,毕竟这件事情一旦说出口，就必须迅速变成现实，否则将夜长梦多。

"此事还需从长计议……"丁谓一时间甚至想不出什么理由。

"此事必须早做决断，万一陛下遭遇不测，天下不可一日无君！"李迪的催促反而提醒了丁谓。

"不可！陛下万一好转，见太子监国局面已成，那该如何自处？"

被丁谓这样一问，寇准和李迪反而不知道继续说什么了。

"二位大人，如今陛下身体抱恙，在下也心急如焚，但在下还是劝二位大人先冷静，静观其变。近年，陛下的不豫之症也经常发作，可陛下洪福齐天，每次都能转危为安，若此次也是虚惊一场，待陛下醒来，必然会以为二位大人意欲以太子取而代之……"丁谓见二人有所动摇，便继续说服二人。

"寇大人一心为大宋鞠躬尽瘁，丁大人这样说是什么意思？"李迪见丁谓与寇准互不相让，开始帮助寇准反击丁谓，"以迪拙见，不如我们这样决断。天下大事确实不可有一日荒废，不如我们辅佐太子于资善堂旁听政事，寻常之事，可由太子决断，若遇我等无法决断之大事，便等待陛下醒来再议，如何？"

"李大人言之有理，此为万全之策。"寇准见丁谓实在强硬，只得同意当前李迪的提议。

经此一事，双方都加快了夺权步伐，双方都下定决心，一定要在真宗下次醒来时得到满意的结果。朝臣们也纷纷加入这两个阵营，甚至宫闱之内也出现了明显的政治派别。刘皇后更是日夜不离，时刻在真宗身边侍奉，保证第一时间了解真宗身体情况，最快探知他下一步的考虑。而深谙权力交接内幕的寇准为了减小在信息获取方面的差距，便在宫墙之内找到了一位同盟——周怀政。周怀政是真宗最为信任的宦官之一，他跟随真宗多年，在生活上、政务上，都深受真宗倚重。长久以来，周怀政在宫中、朝堂都积攒了丰厚的政治资源，寇准再入朝的背后，也有着周怀政的影子；寇准再入朝时，王钦若被罢，远黜杭州，也与周怀政有着直接的关系，他向真宗报告了王钦若与道士勾结的情况，而王钦若正是刘皇后在外廷的重要助力之一。《宋史·周怀政传》记载："怀政日侍内廷，权任尤盛，于是附会者颇众，往往言事获从，同列位望居右者，必排抑之。"

事实上，周怀政的影响力不仅限于此，周怀政身份上的便利使其非常清楚真宗的身体状况，为了能够在即将到来的这场权力交接中获得更加丰厚的利益，他选择了与寇准一道支持年幼的赵祯，因为辅佐年幼的新帝要比重新讨好刘皇后更加简单、稳妥。所以，寇准与周怀政形成同盟，是一种双向选择。自此，双方阵营基本明朗起来，一场规模空前的政治斗争即将拉开帷幕。双方都清楚，他们的努力只是影响结果的一个方面，因为最终做出选择的并不是两个阵营中的任何一人，而是正在被病痛折磨的真宗。

二月的一天，周怀政行色匆匆地出宫，驱车来到寇准住处，带给寇准一个他期盼已久的消息——真宗醒了！

"寇大人,快随我入宫!"寇准见来人是周怀政,便一句话也不多问地随他前去。两人马不停蹄地来到宫内,紧张到一路无话。

"陛下,您可算醒过来了!我大宋有救了!"寇准见到真宗醒来,竟然激动得险些流下泪来!这次回京也最关心的时刻就这样来了,他要从真宗这里得到确定的答案。虽然这样像是在盼着真宗驾崩,但皇权交接之事丝毫马虎不得,越快完成越利于国事平稳。

"寇爱卿,你来啦。"真宗对寇准入宫并不惊讶,他当初让寇准回京,便是想将大宋社稷相托,只是一直犹豫不决,如今自己身体每况愈下,清醒的时候越来越少,能够趁着清醒将大事定好也算是万幸了。

"臣在,陛下可有事吩咐微臣?"寇准无比恭顺地站在真宗皇帝病榻前,前所未有的神圣感让他感觉周围无比寂静,甚至能够听到真宗的呼吸声和自己的心跳声。

"太子可好?"

"禀陛下,太子近日来在资善堂旁听政事,愈发有天家威严了。"

"好,好啊……"真宗说了两个好字,便双目微闭,片刻后,像是攒足了力气,缓缓道,"朕此次不豫,更甚往常,寇卿宜帮我为大宋江山早做打算……"

"陛下不可……"寇准想要安慰真宗,但刚刚清醒的真宗实在没有力气与他客套。

"寇卿说说中书对策吧。"真宗有些无力地说。

"启禀陛下,中书现有二策。其一,便是太子监国,连日来,皇太子旁听国政,甚有陛下风采。"

"其二呢?"

"陛下恕罪,其二便是请陛下传位于皇太子!"寇准已做好了真宗震怒的准备,不想,真宗仍然微闭双眼,等待着寇准说下去。

"皇太子继承大统为众望所属,愿陛下思宗庙之重,早做决断,以固大宋万世基本。"寇准硬着头皮说道。

"何人可辅佐皇太子?"真宗并未急着对寇准的选项做出选择,反而继续问下去。

"微臣和李迪必当鞠躬尽瘁,以死报答皇恩,再另行择选方正大臣,共同辅佐皇太子!"

"丁谓如何?"真宗仍对他的制衡之道念念不忘。

"丁谓此人,实为奸佞,不可以辅少主!"

"依寇卿所言。"真宗短短一句话,便给了寇准莫大的权力——此后的大事,便交予寇准处置了。在真宗看来,要平稳地将赵氏江山传承下去,太宗践行过的权力交接方式是最直接、保险的,太宗为自己选择的一众辅臣确实让他顺利成为皇权的拥有者,带着他与大宋平稳度过无数危机,安然走过几十年时间,而今,自己也要像先皇一样做出正确的选择,给后世之君安排下一众得力老臣,想来也并无遗憾了。

短短的几段对话后,寇准心满意足地走了,他没想到事情如此顺利。但他更没想到的是，真宗的承诺并没有他想象中的那么牢靠，这一次，运气没有站在他这边。

第三节 真宗抉择

寇准，从来就不是真宗的第一选择，这一次也不是。天禧四年（1020年）三月，向敏中去世了，这就像是真宗小心翼翼维持的天平突然缺少了一块砝码，让本就小心翼翼的真宗再一次变得焦虑起来。他不禁再一次反思，寇准真的值得托付吗？如果让寇准辅佐幼主，大宋真的会走上正轨吗？真宗虽经常受不豫之症困扰，但清醒时，依然为国家大事忧心忡忡。

寇准与真宗所欣赏、期待的那种完美的大臣，有着最本质的不同：那就是寇准虽然有"大忠"之名，但过于不拘小节，总会做出令人担忧之举。真宗最为倚重的几位大臣，都是太宗精挑细选出来的，他们近乎完美地贴近圣人的标准。拿真宗身边任职时间最长的几位宰相来说，李沆、王旦、向敏中等人，言行都如楷模般经得起推敲，可传颂万世。

李沆做人方正、严格、谨慎，严于律己，宽以待人。与之相比，寇准对自己的要求就没那么严格，他生活奢侈，常肆意而为。王旦在真宗心里也有很高的地位，与王旦顾全大局的性格相比，寇准总是显得斤斤计较，不够大气，在用人上也总是引起争议，他经常以个人喜好来任用人。在此次宰相任上，寇准虽然举荐了大量人才，却依然因喜好将一些人排挤在外，比如枢密副使王嗣宗，自称老病不堪重用，要求外放到许州为官，但寇准却因先前的恩怨强制要求其致仕，也就是让他辞去官职。有个叫陈从易的官员，因为要照顾年老的父亲要求到家乡任职，本是一片孝心，而寇准因为对他颇有成见，并未成全他的孝心，反而让他改任其他地方。

向敏中也因做事周全有分寸而深受真宗信任。天禧初年，向敏中为宰，真宗本以为会有很多人去给他庆贺，便特意派李宗谔到他府上查看，结果发现向敏中守节自持，拒绝他人来贺，这让真宗很满意。而遇到类似情况，寇准总是会做出让真宗失望的事，他好宴饮，曾因与枢密副使周起到枢密院事曹玮家中豪饮，耽误了第二天的政事。即使过后寇准特意向真宗请罪，但错已铸成，寇准"不靠谱"的形象已经埋在了真宗心中，请罪又有什么用？这些过往之事，真宗又怎会轻易忘记呢？

另外一边，寇准得到真宗的明确肯定后，便着手行动了。他开始秘密部署自己的力量，迅速召集起李迪、杨亿、曹玮、盛度、李遵勖等人协助自己。皇权交接不是小事，尤其在礼制上不能有任何纰漏，以免引起不必要的争议。在分配完每个人的工作任务后，寇准将最核心的工作———众相关文件的草拟工作，全部交给了杨亿。杨亿的文笔在当时几乎无人能出其右，加之其在秘书省工作多年，行文的标准、谨慎也无人能及。杨亿接受了这个光荣艰巨的任务，开始加紧草拟各类文书。杨亿深知此事事关重大，便十分注意保密。每天夜里，杨亿便会屏退左右，独自奋笔疾书，以至于剪烛之类的小事都要亲力亲为，他身边竟然没有一人发现他在干什么。

如果一切都能按照寇准设计的蓝图进行，可能他最后的人生之路就是另外一番样子了。只可惜，这个秘密最终还是被丁谓所知晓。一说是秘密由寇准泄露。寇准与他人宴饮，因为眼看大事即成，再次得意忘形，便与他人畅饮起来，酒过三巡，说者无心听者有意，竟然将此事泄露了出去。另外一说则是杨亿不小心将消息走漏给了妻弟。这件事到底是如何泄露的，已然无法考证了。总之，寇准想要越过刘皇后，辅佐赵祯继位的事情还未成功便被丁谓获知，计划胎死腹中。或许真宗的犹豫确实是有道理的，寇准做事不够稳妥，常有漏洞。

丁谓得到消息，马上采取了措施，他立即通知了同盟中最有实力的人——刘皇后。这次，感受到切实威胁的刘皇后终于出招了。很快，寇准就接到了被弹劾的消息。钱惟演率先向寇准发难，以专权等罪名弹劾寇准，真宗下诏传见寇准询问此事。寇准起初并不在意，钱惟演弹劾自己并不是什么奇事，本来就分属不同派系，互相攻击也很寻常。但渐渐地，寇准想到了这件事的怪异之处——此时的真宗大病初愈，并不糊涂，而且之前已经允许自己独掌大事，怎会任人弹劾自己？自己如果被弹劾，谁来帮助真宗完成大事？感到事有蹊跷，寇准马上赶往皇宫。

"陛下，别有用心者说臣专权，实在是无稽之谈！"

"你专肆横行，朝廷上下深受其害！"钱惟演毫不隐藏地直接向寇准发难，"你与杨亿等人日日密谋，欲绕过其他官员而行废立，是否属实？"

"属实如何？不实又怎样？有些大事，是不便让每个人都知道的。"寇准依然不把钱惟演的指控放在眼里，他觉得，真宗定会帮自己做主。

"你与杨亿等人意欲假传圣旨，对皇位图谋不轨，还要狡辩吗？"钱惟演咄咄逼人，丝毫没有放过寇准的意思。

"笑话，若无陛下授意，我怎敢私自草拟圣旨？你自可问陛下！"寇准望向真宗，不等真宗回答，寇准又问道："陛下，寇准所言是虚是实，还请陛下为臣正名。"

"朕最近常常忘事，两位爱卿，朕今日乏了，此事暂且搁置，改日再议吧。"真宗对寇准的请求不置可否。

寇准本以为见到了真宗，便可以摆脱钱惟演的攻击，甚至以此进行反击，但令寇准始料不及的是，真宗竟然推说忘记了与寇准的一番谋划。此时，寇准也已经明白，不论是否出于自愿，真宗已经放弃了先前的计划。

在真宗眼中，寇准的忠诚毋庸置疑，可缺点也显而易见，真宗思虑再三，还是认为如果将大事托付给寇准，自此再没有人可以制约他，这种隐患是真宗不能接受的，也是寇准不能担此大任的唯一原因。因此，真宗选择背弃与寇准的约定。但真宗此刻绝对没有想过再度将寇准逐出京城，依然想将他留在身边听用。他多次叮嘱钱惟演等人，对寇准要以礼相待，但刘皇后、丁谓、曹利用等人却不这样想，如果对寇准怀有妇人之仁，等到真宗再次下定决心让寇准匡扶赵氏正统，那他们将再度面临危机。于是以钱惟演为先锋，刘皇后集团对寇准发起了疯狂的攻击，定要将寇准赶出京城。

但钱惟演弹劾寇准似乎并没有实质性的罪名，除了攻击寇准专恣，并不能拿出治罪的确切证据。丁谓和钱惟演等人只能趁当时真宗时而清醒时而昏聩的状态狐假虎威。此时，刘皇后已经绝对控制了病重的真宗，真宗已经很难再对外传达真实意图了。经过丁谓等人的"不懈努力"，真宗最终决定罢寇准相位。为了草拟一份看着更加严厉的诏书，丁谓等人找到了与寇准有过节的晏殊。但是晏殊以自己的官职不能参与诏书的草拟为由，拒不受命，没有参与罢免寇准的行动。晏殊为避嫌，当夜就宿于学士院。后来只得由钱惟演依除目拟诏，所谓"除目"，就是大宋朝罢免宰相的几项明确的理由。拟诏书时，真宗踌躇不定，询问钱惟演："罢免了相位，该给寇准授什么官职？"钱惟演觉得可以参考王钦若的授官待遇，授予太子太保之职。但真宗明显觉得不够，寇准此次拜相，实乃为国家社稷分忧，是自己改变了想法导致寇准再度罢相，便告诉钱惟演，授予寇准太子太傅之职，并加优礼。

天禧四年（1020年）六月丙申（十六日），朝廷下发了罢免寇准的诏书，改封寇准太子太傅，封莱国公，罢去其宰相之职，他再也没有什么实权去为大宋做事了。寇准没有想过，自己的宏图大业就此戛然而止，或许是觉得自己老了，此时寇准的那份执拗和自信终于消减了，他自认从此退出权力之争也算得以善终，对此并未争辩。

寇准在太子太傅的任上，继续在京城活跃了一段时间。这段时间内，寇准过得相当悠闲惬意，他一辈子没有体会过如此轻松的感觉，真宗对不再为宰相的寇准礼遇有加，不久之后的先天节，真宗特意赐宴于寇准，宫中各类宴会也多邀请寇准前往。如果一直这样下去，寇准的晚年官场生涯也将充满乐趣，作为朝堂上最有资历的老臣，以他监督、约束其他官员再好不过。但对于丁谓等人而言，寇准的存在始终是威胁，一定要把他移出大宋权力的中心，他们方可安心。

对于宰相人选，真宗的想法其实并没有原则上的变化，真宗仍然想让李迪接任宰相。李迪一开始是固辞的态度，但太子再三请求，李迪最终接受了宰相之职。可这样的任命让丁谓一党十分担心，毕竟李迪与寇准交情甚笃。丁谓担心李迪任宰相后再把寇准召回两府，便对寇准发起了新一轮攻击。钱惟演又污蔑寇准被罢免之后，竭尽所能到处结交朝臣，意欲再登相位，还污蔑寇准在位时结党营私、图谋不轨，以蛊惑真宗。钱惟演劝说真宗道："陛下，为了我大宋朝廷安宁，还是早早把寇准放到京城以外吧！"

刘皇后、丁谓又加紧布局，使曹利用、丁谓、任中正都位列李迪官职之上，削弱李迪的实权，并千方百计劝说真宗尽快确定了另一个宰相的任命，此人正是寇准旧敌——冯拯。最后他们共同对真宗进言："今朝廷人三分，二分皆附准矣。"他们极力向真宗说明，寇准党羽众多，在朝中势力庞大，必须尽快彻底铲除，甚至由此对寇准的女婿王曙发起了攻击。即便如此，真宗仍然坚持对寇准以礼相待。这或许唤起了寇准心底最后的一丝斗志。抱着最后一搏的希望，寇准再次求见真宗，向丁谓一党发起反攻。

"陛下，老臣有一事禀告！当今朝廷之上，已经遍布丁谓党羽，那曹利用与丁谓相勾结，这些奸佞意欲专权，陛下不可不防啊！"

"寇太傅当真是老糊涂了！我二人只是私交不错，并非如您所说相互勾结。当初您与李迪李大人也是这般，陛下尚未惩罚，怎么如今却污蔑我与丁大人有专权之心呢？"曹利用两军阵前与辽人谈判都能面不改色，面对寇准更是镇定自若。

"若如此，臣愿受罚，李大人若因此受罚，他也必然不会觉得冤枉，只要天子身旁没有奸佞之人，臣愿与小人同罪！"听到寇准这样说，真宗很生气，若是李迪也被治罪，朝中还有何人可用？——寇准为了拖丁谓一众下水，已经开始置朝廷大局于不顾。

"你自与李迪辩驳吧！"真宗让李迪与寇准廷辩，不过是想要阻止寇准继续固执下去，李迪与寇准争辩几句后便使眼色叫寇准离开了。寇准走后，真宗甚至气愤地对李迪说道："你们都该贬出去，你也好，丁谓也罢，连带着曹利用，还有这个冥顽不灵的寇准，通通离开京城，好让朕耳根清净些！"真宗说要将两党全都贬出京城，这当然是气话，用人之际，真宗又怎会如此意气用事？在李迪的劝说下，真宗最终作罢。

但随后发生的另一件事，以极其残忍的方式，给这次政争画上了句号。

第四节 落败远贬

就在此次寇准面圣之后,发生了"周怀政案"。

寇准罢相后,周怀政在宫内也遭到了排挤,因为他与寇准的关系,刘皇后、丁谓等人便不让他再接近皇帝与太子。眼看着自己在宫中已经无所依靠,他便联络弟弟周怀信、客省使杨崇勋、内殿承制杨怀吉、阁门祗候杨怀玉等,计划发起行动,目标是杀丁谓等,复相寇准,奉真宗为太上皇,传位太子。如此行动,便是政变,性质便与之前不再相同了。如若成功,便有从龙之功,将位极人臣,可一旦失败,将再无翻身余地,必会受到最重的惩罚。就是这样一件隐秘之事,同样出现了致命的漏洞。起事前,计划被杨崇勋等人出卖,周怀政等主谋被俘受诛。

经此事,真宗切实感受到了身边各个方面的威胁,这让真宗后背发凉——自己虽已时日无多,但是几方对于权力的争夺显然超出了他的预期,已经威胁到皇权。真宗甚至一度打算废掉太子,好在李迪苦苦相劝,真宗才打消了念头。为了尽量避免牵连无辜之人,真宗让告发此事的杨崇勋与曹玮一同审理此案,尽量减小影响。

不过丁谓却认为这是彻底推翻寇准的好机会,他千方百计地搜罗寇准的罪状,在他与周怀政的关系上大做文章。他指出天禧三年(1019年)寇准所上的天书系朱能所伪造,且为周怀政指使。这一次寇准再也没法置身事外,七月,寇准被降为太常卿,知相州。他的女婿王曙远贬汝州,寇准亲信张文质、贾德润被贬黜到普宁、连山……朝中官员凡是与寇准亲厚者,都遭到了丁谓的排挤。唯一的例外居然是杨亿。丁谓将杨亿传召到中书的时候,杨亿已经吓得魂不守舍,但丁谓却并没有加害杨亿,反而对他说:"谓当改官,烦公为一好词耳。"丁谓请杨亿作文,来记述自己升官一事。这让杨亿有了安全感,这才稍微平静,而此事之后,杨亿最终也没有受到丁谓的报复。丁谓虽然将寇准视为死敌,却也十分爱才,因此保全了杨亿。但主要是因为杨亿在一众官员之中,是最缺乏政治头脑的,对丁谓不构成威胁。他在官场上最大的作用也仅是为他人代笔撰文,处置杨亿只能给丁谓徒增骂名,丁谓当然不屑于做这样的事。

寇准被放逐,他的政敌们弹冠相庆,因为他们最强大的阻碍终于被清除,在他们看来,将寇准贬出京师,朝堂将会一片祥和。但是百姓却对此极为不平,京师更是有歌谣传唱,"欲得天下宁,当拔眼中丁。欲得天下好,莫如召寇老。"当时的百姓如此热衷政治并不奇怪,自澶渊之盟后,寇准便已扬名天下。一方面,他为大宋赢得了长久的和平发展,百姓也因此免受战火纷扰,获得了相对稳定的生存环境。另一方面,在寇准离开权力核心的时间里,在丁谓等人的鼓动挑唆之下,真宗又把国力都浪费在封禅、祭祀的事情上,动用了大量的人力财力,这让百姓无比怀念给他们带来清平生活的寇准。官场之上希望能够止住天书封禅这类疯狂之举的官员们,也都将希望寄托在寇准身上。只是经此一变，朝中再无人敢为寇准发声了。

寇准的影响力越大，丁谓越是要针对寇准，不给他翻身的机会。还不等寇准在相州站稳，丁谓就迫不及待地将寇准发往更远的地方去了。在丁谓的安排下，寇准又被贬到安州。此时，丁谓一党已经占据了两府大多数要职，林特成为工部尚书兼太子宾客，任中正为参知政事，钱惟演为枢密副使，加上之前已经担任枢密使的曹利用和冯拯，丁谓一党几乎完全把持了朝廷大权。

自寇准被贬，丁谓越来越跋扈，他并不把李迪放在眼中，许多事都不经李迪同意便自作主张，李迪曾经愤怒道："迪起布衣，十余年位宰相，有以报国，死且不恨，安能附权臣为自安计乎！"李迪与丁谓的矛盾愈发不可收拾，不久之后，在刘皇后的支持之下，丁谓与李迪在朝堂之上就太子监国之事大发争论，丁谓与刘皇后借机在此次廷争之后罢免了李迪的宰相之位，令他出知郓州。至此，寇准一派几乎全部被丁谓远贬。

纵横官场多年，寇准自知已经老迈，一生荣耀如南柯一梦。在寇准被贬安州期间，上天书的朱能自知难逃一死，杀了将领卢守明，带领所部兵马携家眷叛逃，最后连同他的儿子一同被诛。由于曾为寇准部下，丁谓再次借此将寇准再贬为道州司马，并将寇准"罪行"昭告天下，以此来侮辱寇准，彰显自己胜利者的姿态。

病入膏肓的真宗甚至对这一系列的贬黜一无所知，一日真宗忽然问及左右："吾目中久不见寇准，何也？"左右皆不敢对。寇准罢相以来，连遭三贬，越贬越远，此时朝中，再也无人敢说起寇准了。

大宋素来重视文官，对寇准这样的老臣自然不会施以刑罚，但丁谓却并不想轻易地放过寇准、李迪等政敌。为了能够更狠地打击他们，丁谓的招数层出不穷。等他们到达贬所，丁谓通常会暗中施加压力，让地方官员为难这些被贬的政敌。但寇准的威望与名声实在是太高了，即使丁谓有所叮嘱，这些地方官员也并不敢有所行动。寇准在道州时，湖南路转运使陈从易就接到过丁谓的暗中指令，但仍然以待故相之礼对待寇准。

纵观寇准纵横官场的一生，国家内忧外患时他都能举重若轻，又怎会轻易被丁谓这些小小伎俩打败？无论他被贬何处，都会受到当地百姓、官员的爱戴拥护，因为在他们眼中，寇准是传奇一般的人物。这着实让丁谓如坐针毡。

乾兴元年（1022年）二月，真宗驾崩，仁宗即位。丁谓此时已位极人臣，炙手可热。想起自己在寇准手下所受侮辱，丁谓又生奸计，想要直接逼死寇准和李迪。

一日，寇准正在道州宴客，作为故相，寇准处所自然门庭若市。即使身处贬所，来拜会寇准的人也络绎不绝。这次宴会，来做客的人多是当地的地方官员。众人正在高谈阔论，突然楼下传来一阵急促的马蹄声。看来人穿着，居然是传递敕书的朝廷使者。寇准离席迎接使者，问使者所来的意图。只是来人立马之后，却并不急着表明来意。

"请问可是寇准寇大人？"使者问道。

"正是在下，请问使者匆匆而来所为何事？"寇准打量着使者,一时间竟然看不出来者意欲何为。

"卑职自是有公务在身,寇大人可先行宴客。"说完,使者便立于马前,不再行动。

见此情景,寇准心中先是一惊,转而又神情自若,转身回到厅上继续与宾客宴饮。但厅中宾客们见此情景,已经不知所措了,开始窃窃私语:"你看那马头旁边挂着的包袱中,可是有一把剑?""圣上对寇大人一贬再贬,这次莫不是要令寇大人自裁?""定是让寇大人自裁,否则这宝剑怎么无端悬于此?"……

寇准见众宾客已无心继续欢饮,便再次起身,向使者走去。

"使者此来,到底所为何事?"寇准直接发出诘问。

"寇大人难道不知圣上对您早已忍无可忍,您难道猜不出他的意图?"

"使者言下之意,圣上是要杀了我吗?"寇准此刻不怒自威,使者没想到自己并未震慑住寇准。

"寇大人若有此自知之明,可不必等我言明……"

"哈哈哈哈……"对方没想到,自己一番恐吓却换来寇准几声哂笑,使者与宾客全都被寇准这一笑惊得不知所措。难免有人暗自思忖,这寇准莫不是被吓疯了吧?

"寇大人这是何意?你难道敢藐视圣上吗?"此时,使者已经明显多了几分心虚。

"如果圣上要赐死寇准,我要先看看这敕书何在,书上写些什么,好让寇准死个明白。"

"敕书自是在我马上……"见寇准依然镇定自若,使者彻底没了底气。

"那便请使者拿与我看!"寇准伸手索要敕书,使者只得递上。

"哦……罪臣知道了……"寇准见到敕书,口中念念有词,又回到堂上。

"来来来,赵司户,将您官服借我一用。"寇准在宾客中找到一绿衣小吏,借来官服套在身上,那小吏身材矮小,官服在寇准身上只到膝盖处。穿好官服后,寇准便跪在院中,朝着都城方向深深一拜。

"罪臣寇准接旨,谢陛下隆恩!"

使者见状,并不多言,立刻引马而去。

在院子里接受了敕书后,寇准又继续回去宴饮。

"看来这便是离别宴啦!圣上已下旨要我去雷州做司户去了!诸位今日一定要尽兴而归!"说罢,寇准与众人欢饮至黄昏。

原来,丁谓为了逼死寇准与李迪,分别派人到寇准、李迪处送敕书,并命使者不可直接将敕书送给二人,而是以锦囊包裹宝剑,悬挂在马头显眼之处,想借此让两人误会来者是带着皇命来斩杀他们的,二人碍于颜面,可能会自我了断。这样既杀了二人,又与自己无关。寇准早已看透了丁谓的伎俩,以他的聪明才智,又怎会对朝廷的态度没有大致的判断呢?寇准自己所做之事乃是为了维护赵氏正统,即便刘太后、丁谓,甚至朝堂上所有的人都对自己不满,也无法治自己死罪,丁谓之所以逼自己如此之甚，就是因为他无法名正言顺地解决自己，以绝后患。

但事情到了李迪这里，就完全不一样了。李迪见到使者异于往常的表现，又看到悬在马头的宝剑，心中便有了猜疑，绝望之际便想到了自我了结，幸而被自己儿子所救，才没酿成悲剧。但使者却并没有走，而是做了另一些不同寻常之事。他记录了李迪贬所来往宾客姓名，甚至将本该送给李迪的食物扣留，直至腐臭才给李迪，或者直接将这些东西扔掉，目的就是为了羞辱李迪，迫使他自裁。但李迪的宾客中有个叫邓余的人，毫不客气地拆穿了此人的目的，那就是要害死李迪以讨好丁谓。邓余气愤地表示："汝杀吾公，我必杀汝！"此后便不离李迪左右，一路追随，才得以保全李迪性命。多年后，李迪再回京城为相，却也不复当年刚直。

政治上的斗争，本来很难判断对错，尤其是党争，双方为了自身利益、抱负，难免攻击对方，但丁谓之所以被称为奸臣，位列"五鬼"，正是由于其狭隘与狠毒，他的出发点很多时候并不关乎国家、朝廷的政治目标，而是出于自己的前途、恩怨，这样的人已经严重背离了士大夫的风骨，最终众叛亲离、被历史唾弃。

使者离开后，寇准又细看了敕书，按照敕书所言，自己乃是不折不扣的罪人。寇准已知这绝不是仁宗对自己的裁断，而是丁谓一党贬抑自己的手段，只哼了一声，便将这荒唐的敕书扔到一边。这篇敕书，乃是知制诰宋绶受丁谓之命写成的。当时，宋绶将草稿呈给丁谓看，丁谓却十分不满意，认为没有将寇准的罪行写得贴切，甚至责问宋绶："舍人都不解作文字耶？"宋绶请问寇准之罪，丁谓咬牙切齿地说："春秋无将，汉法不道，皆其事也。"意思就是说，寇准的罪行等同于春秋和两汉时的"无将"和"不道"之罪，即为臣不忠、祸乱国政的大逆之罪。宋绶请丁谓修改，丁谓按照自己的想法将寇准写得十恶不赦，形容寇准"当丑徒干纪之际，属先皇违豫之初，罹此震惊，遂至沈剧"。宋绶虽然服从了丁谓的指挥，但最终还是没有完全照丁谓原话去写，他将寇准的罪名归结在违背了真宗的初衷上。等到丁谓遭贬，宋绶仍然撰写制词，曰："无将之戒，旧典甚明；不道之辜，常刑罔赦。"这一说法，倒是与丁谓给寇准定的罪名大同小异。

在丁谓等人的迫害之下，寇准一路被贬向南，一如之前，他所到之处，官员和百姓都显示出对他极大的敬重。在过零陵时，山路地形复杂，护送的官兵前后相顾不暇，寇准的行李被当地溪洞土人所抢，土人首领在得知途经此地的人是寇准之后，急忙遣人送回行李，责备族人说："听说是寇大人途经此地，你们怎么能劫掠贤宰相的行李？这样神明还会护佑你们吗？"于是便率领族人跪于道旁谢罪，为寇准送行。虽然寇准此行是到贬谪之所去，但这一路上百姓及官员的爱戴与热情，实实在在地安慰了这位失意的老人。

第八章 忠愍功业

第一节 尘埃落定

一生不曾蓄私产的寇准,在被贬道州时却盖起楼来——为了放置经史道释之书。此后,寇准闲时在此读书,也有时在此接待宾客,他每天早上,仍要穿上自己做宰相时的朝服,道州地方官曾指责他逾越礼制,但寇准驳道:"君父所赐,服之不忘,未见礼之失也。"

寇准一生,潇洒恣意,此时再着官服,不是怀念权势,而是轻视权力之举。寇准刚到道州时,便教育自己的子女说,"守法奉正,士人常操,以穷通成败易之者,非吾意。"也就是说,寇准此时认为,士人要有操守,不能因成败而改变自身意志,即便被贬谪到穷乡僻壤,也不能改变初心。这是寇准一路贬谪之后的心得,他以"大忠"为做事的出发点,虽然失败,但并不后悔。

在道州，逐渐释然的寇准写下了《春陵闻雁》：

萧萧疏叶下长亭，云淡秋空一雁经。
唯有北人偏怅望，孤城独上倚楼听。

在那个消息闭塞的时代，朝中已经无人的寇准对此刻京城权力场上的厮杀已经无从所知了，但心中那份挂念却有增无减，只能登楼北望，聊以慰藉。

一切都已尘埃落定。

乾兴元年（1022年）四月，寇准到达雷州。此行，寇准并无多少悲切，为自己的政治抱负付出代价，也是自己必须要承受的。

《临海驿夏日》便是去雷州路上所作：

岭外炎蒸当盛暑，雨余新馆觉微凉。
最怜夏木清阴合，时有莺声似故乡。

此刻，寇准已经不再为路途艰难而自伤了，一切坎坷、挫折都有其存在的道理，心若平静，哪里又不是归宿呢？

在决定将寇准贬至雷州这个地方的时候，丁谓与冯拯再三商量过。丁谓本来想要将寇准贬至崖州，却又反悔了，停下手中的笔思量再三，口中念念有词，"崖州再涉鲸波，如何？"——丁谓仍然担忧寇准会再次威胁到自己。此时的冯拯只能对丁谓唯命是从，最终丁谓将寇准的贬所定在了更为艰苦的雷州。

雷州，是大宋南边的偏远之地，寇准可能再也看不到繁华的市井，此行注定艰苦。四月，若是在中原，正是桃李争妍的美好季节，但雷州此时已经异常炎热了。寇准到此地发现，道路泥泞难行，州县小吏便想用小竹轿子抬着寇准回去，寇准却一改之前奢靡享受的习惯，推辞道："寇准是罪人，不可再劳他人，骑马前往即可。"寇准深知，道路泥泞坎坷，骑马尚且颠簸难行，若是再乘小轿，那轿夫必定艰苦至极。于是他便骑着马，坚持日行百里，到达雷州。看到这位德高望重的国士如此落魄，寇准的随从、迎接的人都为之落泪。待寇准到达州县，官员献上雷州地图，寇准发现，从雷州东南门到达海岸仅有十里之遥。寇准突然想起自己年少时诗句："到海只十里，过山应万重。"正合当时意境，随即笑叹，人生得失竟早有定数！

很快，丁谓也懂得了这个道理。

寇准被远贬后，丁谓终于得偿所愿，他先是尝到了控制天子的甜头，此时真宗清醒的时候已经越来越少，真宗昏睡之时，丁谓裁决天下大事，真宗清醒后，他便用花言巧语迷惑真宗，仿佛天下都尽在他掌握之中。真宗驾崩后，他仍不肯放弃权力，希望控制幼主，行挟天子以令诸侯之事，但这一次，丁谓面前出现了更大的阻碍——刘娥。在对付寇准时，丁谓和刘皇后是坚固的同盟，可当他们失去了共同的敌人，两人的权力之争也凸显出来。

就在丁谓因为最终赢得了党争的全面胜利而沾沾自喜的时候，危机也渐渐形成了，丁谓已经被权力蒙蔽了双眼，他将打击的范围扩大到一切对他有威胁的人和事上。在朝中，丁谓大权独揽，又不遗余力地排除异己，很快便触怒了朝中众臣，反对丁谓的呼声逐渐高涨，这些朝臣形成了联盟。不断有人弹劾丁谓，为寇准等人脱罪，而这些人中对丁谓威胁最大的就是王曾。

王曾是寇准、王旦一手提拔培养起来的政治接班人，同时又是名相李沆的女婿，自然对丁谓的所作所为大为不满。王曾于真宗大中祥符末年担任参知政事，后被时任枢密使的王钦若陷害而罢政。当时担任宰相的王旦表示，王曾即使被贬黜，日后必定大有作为。事实证明，王旦没有看错。王曾后来一改之前拒绝封官时的青涩，变得深谙官场玄机，他在王旦手下任参知政事多年，政治手段比寇准、李迪高明许多，更懂得克制和隐忍。丁谓赶走寇准之后，本应马上开始对付王曾，但王曾为人小心，虽然寇准因为朱能、周怀政之事被贬，牵连到很多亲近之人，可是王曾并未牵涉其中。他曾经认为朝廷对寇准和李迪的处罚太重，但是当丁谓坚持对寇准和李迪的处罚时，他就不再多说了，而是继续等待时机。

仁宗登基，太后辅政，由于当时缺少同盟者，又在丁谓专权的时期，王曾审时度势，左右逢源，不和丁谓发生明面上的冲突。如前面提到的李迪与丁谓争吵之时，他看出了李迪势力单薄，败局已定，就站在了丁谓一边。而在贬黜寇准时，他虽然提出异议，但却并没有像李迪那样直接触怒丁谓，置自己于险境。正是王曾懂得顺势而为，明白如何自保，奸猾如丁谓也找不到对付他的借口。

即便如此，王曾依然能够坚持自己的政见。在一些原则问题上，王曾能在不致同丁谓爆发冲突的前提下最大程度地表达和争取自己的主张。正因王曾坚持了一些重要原则，他获得了许多朝臣的支持。真宗驾崩之际，吩咐"诏军国事兼权取皇太后处分"。丁谓为了讨好刘太后，曾经企图去掉遗诏上的"权"字。"权"是"权宜临时"之意，意为在仁宗年幼尚未亲政之时，这些权力暂时由刘太后代理，如果去掉了"权"字，刘太后的权力将可能被无限扩大，仁宗的亲政将会遥遥无期，甚至皇位都将面临危险。王曾深知这一字之关键，毫不留情地反驳了丁谓修改诏书的要求。王曾义正词严的态度让丁谓认识到两件事：一是即使权力再大，自己也担负不起篡改真宗遗诏的罪名，二是如果强行为之，将会给政敌一个完美的理由弹劾自己。丁谓由此未再坚持去掉"权"字。正是王曾当时的表现有理有节，故吸引了更多人与其同道。《续资治通鉴长编》记载，"时中外汹汹，曾正色独立，朝廷赖以为重。"正是因为王曾的坚持，刘太后的权力得到了一定程度的限制。

真宗驾崩后，丁谓在朝廷中几无政敌，兼权军国事的刘太后此时并未急着走到台前，导致丁谓在朝内更加说一不二。此时的丁谓，还没有见识过刘太后的政治手腕，也没意识到刘太后的权力欲望一点儿也不比自己的小。真宗驾崩后，仁宗和刘太后每日早起一起接受群臣例行朝拜。不久后，刘太后却向众臣提出，因为仁宗年幼，晨起困难，就由自己独自接受群臣朝拜。刘太后提出这一要求时，恰好丁谓告假不在，冯拯等大臣明知太后的要求不妥，不能答应，却又不敢拒绝，便想把这个烫手的山芋推到喜欢专权的首相丁谓那里，于是将事情拖到丁谓来时才商量。丁谓断然拒绝了刘太后的要求，又责怪冯拯等人没有立即向他报告。刘太后因此与丁谓离心，后来，丁谓又不断挑战太后权威，对宫廷开支加以限制，也因此而惹得刘太后极为不悦。

终于，蛰伏已久的王曾看准了这个时机，开始了他的复仇行动。

第一步，结束丁谓专权。此时这已不是王曾一人的目标了，朝中众臣目标空前一致，王曾先是请求由两府官员共同签署文件，请求削弱丁谓的权力，得到了刘太后的支持。这对丁谓造成了沉重的打击，刘太后借对王曾奏疏的机会，恢复了之前正常的议事程序，结束了丁谓的专权局面。此时，丁谓才意识到他身边这个参知政事的厉害，此后加紧了对王曾的防备，可王曾又怎会继续给丁谓喘息的机会？

第二步，给予敌人致命的打击。丁谓与寇准不同，寇准做事的出发点多是国家利益，能让人抓住把柄的事都是一些因为性格问题而导致的小事，而丁谓做事，出发点多在维护自身权势，由此被他人找出政治上的错误并不困难，此后发生的一件事便让他的政敌们找到了借口。这件事是"雷允恭案"。

雷允恭是刘太后宠信的宦官，在周怀政失势后，在宫中地位不断上升，看到丁谓手中的权势，便与丁谓走到一起，私交日笃。真宗驾崩后，雷允恭负责监督修建真宗的陵寝，却在没有向太后和仁宗请示的情况之下，私自改变了皇陵的位置。事后才向太后报告此事，太后大为不满，欲治其重罪。雷允恭自知不妙，找丁谓帮忙，丁谓随即帮雷允恭向太后解释，却并没有收到想要的效果，因为太后早想借机除掉丁谓，雷允恭只不过是个棋子。于是太后以检修为名，派丁谓的政敌王曾去检查帝陵的修建情况。

王曾马上查出雷允恭贪污施工款和擅移皇陵的罪行，史载王曾将雷允恭"杖死于巩县"，不仅抄没家产，还将其弟雷允中发配郴州，将负责修建皇陵的判司天监邢中和流放沙门岛，顺势向太后揭发丁谓包庇雷允恭，结党营私，包藏祸心。

早已对丁谓不满的刘太后要的就是这样的结果，她迅速召集群臣，却不请宰相丁谓，太后直接向群臣指出："谓身为宰相，乃与允恭交通。"并拿出雷允恭和丁谓勾结、擅移皇陵、对先帝不敬的证据。刘太后又与王曾一唱一和，将丁谓擅权之事说出来，希望以此"抛砖引玉"，让朝中大臣借此攻击丁谓。冯拯马上明白了太后的意思，也意识到丁谓这棵大树即将倒下，于是充当起弹劾丁谓的先锋："自先帝驾崩后，政事皆由丁谓与雷允恭私自议定，对外谎称是两宫的旨意，臣等莫辨虚实。如今，太后发现了它的真面目，此乃宗社之福也。"

案发后，丁谓还没有看清形势，甚至还想只手遮天，将此事压下，但众臣已经开始对他群起而攻之，希望借此案彻底打倒他。权知开封府的吕夷简开始了对此案的进一步调查。而吕夷简为了麻痹丁谓，命开封府在审理此案时将罪名归到雷允恭一人身上，所有的书面文件都没有涉及丁谓的罪状。等到案件要报告仁宗与刘太后的时候,才揭露丁谓罪行,让他措手不及,自此成功扳倒了丁谓。

为了防止丁谓东山再起,王曾的做法一如当年丁谓对寇准的做法,他对丁谓党羽进行了清洗。丁谓的三个儿子和三个弟弟均被贬黜,继而贬退了翰林侍读学士林特、知制诰祖士衡、知宣州章频、淮南江浙荆湖制置发运使苏维甫、权户部判官黄宗旦、权盐铁判官孙元方、权磨勘司李直方等人。后来又相继贬黜了丁谓的女婿权判盐铁勾院潘汝士以及知开封县钱致尧,最后贬黜了丁谓党中最重要的成员,枢密使钱惟演。

钱惟演不仅是丁谓的同党,更重要的是,他与刘美为姻亲,也就是与太后有着亲戚关系。因此,贬黜钱惟演时,宰相冯拯曾出面请奏:"惟演以妹妻刘美,实太后姻家,不可与政,请出之。"面对这样的窘境,刘太后决定两害相权取其轻,舍弃了钱惟演。

乾兴元年(1022年),丁谓因雷允恭案受牵连被贬崖州,大概是想起丁谓此前与自己商量寇准贬所一事,冯拯特意为他选择了崖州为贬所。崖州比雷州更远,且到崖州必须要经过雷州,因此也有人笑谈:"若见雷州寇司户,人生何处不相逢。"王曾等人还学着丁谓对付寇准的办法,将他的罪行昭告天下。七月,丁谓途经雷州去往崖州赴任之时,寇准已经听说了此事。

这天一大早,寇准便吩咐仆从买来一只蒸羊,待丁谓到达此地,便打发仆从送去。丁谓由于政敌众多,一路而来并没有人愿意好生对待他,他没有想到对自己最好的竟然是被自己迫害得最惨的政敌。他以为寇准已经原谅自己,便希望再见寇准一面,但寇准还是拒绝了。仆从和家人对寇准的做法十分不解,丁谓几度意欲谋害寇准,不明白寇准为何还要如此对待丁谓,都替寇准鸣不平,甚至暗自商量要向路过此地的丁谓发难,为寇准报仇。寇准自然知道手下之人对丁谓有多么痛恨,他命人关好庭院大门,把家中所有仆人都召集到院子内,只管饮酒作乐,不许外出,直到丁谓出了雷州地界才让仆从们各自归位。

天圣元年(1023年),丁谓在崖州离世,一代权相就此陨落,整个大宋却没有几人真正为他惋惜,当世没有,后世也没有。此次党争最终的胜利者终于尘埃落定,那就是坐收渔翁之利的刘太后。此后,虽然朝野上下很多人为寇准脱罪,希望能够考虑将李迪和寇准召回,但是刘太后却并没让两人回京,只是将寇准迁为衡州司马,而寇准也是在这一年离世。而李迪于仁宗明道二年(1033年)才得以再次进京复相。

第二节 百姓之友

雷州属岭南之地,宋代以前被称为"天南重地",当地自然条件恶劣,农业生产水平低下,加上部族林立,互相攻掠不已,导致社会经济发展十分落后,手工业门类不齐全,基本是以物易物的落后状态。因此,在宋人眼中,这里是不折不扣的蛮荒之地。如今这座小城已经成为国家历史文化名城之一,其中便与寇准有几分关系。因为在宋代,朝廷曾把大量名贤贬到此处,他们虽然不能尽情施展自己的政治抱负,却给雷州留下了深刻的印记。在这些被贬雷州,或途经雷州去往更遥远的海南的名贤中,不乏青史留名的贤臣、文章千古的词人。他们的抱负和才干在朝廷未得重用,在贬谪之地却得以施展,雷州因此大大受益,竟稳稳坐上岭南大邑的宝座。

寇准在雷州的日子,朝中仍然有人惦念着他。丁谓倒台后,朝廷里频频有人向仁宗上疏,力陈寇准无罪,为寇准平反。寇准也相信,朝廷会给自己一个公正的评价。寇准与丁谓不同,丁谓于大宋,是有过的,而自己于大宋,却有着他人无可比拟的功劳,如今的大宋百姓安居乐业,四海之内歌舞升平,寇准功不可没。寇准做事虽有不妥,却多从公义出发,如果这也是有罪的,那还有什么能称之为"忠"呢?作为一心为国的三朝老臣,寇准应该得到公正的评价。但直到寇准等来了自己的政敌丁谓被贬黜的消息,也久久没有盼来朝廷的公正裁决。换作他人,肯定会一蹶不振,就此消沉,可寇准并没有这样,他决定一改前态,收敛自己的性格,做好一方父母官。寇准身为宰相,军国大事都能处理得井井有条,治理雷州自然不在话下。

此次寇准被贬雷州,百姓依然欢迎他,作为司户参军,寇准官从八品,是无职无权的散官。作为贬官,按例寇准是不能住官舍的。寇准为了不劳烦雷州百姓,没有借租百姓的房屋,而是携眷属搬到了郊外天宁寺居住。但百姓们早已听说寇准的事迹,认为他是个难得的好官,见寇准居无定所,他们便自发组织起来帮他建造住所,据康熙《海康县志》记载:"寇准公,无公宇居,百姓闻之,争荷瓦木,不督而成。"从政四十年的寇准没想到,自己虽然身在贬所,却比身在相位时更能感受到百姓的拥护。房屋建好后,取名为"西馆"。西馆地处荒郊野外,冷落萧条,寇准在此有《海康西馆有怀》一首:

风露凄清西馆静,悄然怀旧一长叹。

海云销尽金波冷,半夜无人独凭栏。

初到雷州的寇准,是孤寂的,每到夜半,难免想起官场上的起伏,却无可诉说。年迈的寇准,将自己的委屈与孤独都化作带领雷州百姓战胜恶劣自然环境的动力,他不怕挫折,不惧老迈,又怎会因为雷州偏远就自暴自弃?

雷州古为百越杂居之处,各族聚居于山林丘陵、河海沼地,以渔猎山伐的原始手段为生,造成了这里农业技术落后、百姓愚昧、生活艰难的现状。寇准在分析清楚这些之后,分别对这些问题进行了改善:缺乏教化,那便兴建学堂,将圣贤之道传播到这里;土地荒凉,那便组织百姓兴修水利、耕耘播种。总之,寇准给自己定下了一个目标:帮助雷州父老摆脱困窘,为大宋王朝再献一份力气。

雷州虽民风淳朴,却也因地处偏僻,缺乏教化。寇准看着贫穷的百姓颇为愚昧,便心生怜悯,带领当地百姓建立"真武堂"。相传天圣元年(1023年)秋末之夜,有巨星轰然坠落于寇准寓所前池塘中，雷州百姓大骇，以为是天降灾难的不祥之兆，纷纷烧香礼拜，祈求上天垂怜。翌日，寇准命人戽干池塘水，获得一块乌黑发亮的陨石。寇准告诉百姓，这并非天降灾祸，而是北方玄武七宿之石，并建起专门的场所将这颗石头保存起来，给百姓后世观看，这便是后来的"真武堂"。寇准在这里收徒讲学，亲自教化民众。他将自幼熟知的经典、知识毫无保留地传授给当地学子，并极力推广当时的普通话"中州音"，为汉族和当地土著的民族交流融合做出了重要贡献。寇准在这里身故以后，雷州百姓仍然秉承寇准遗志，继续学习中原文化，后来更以"寇公祠"为基础，建起了"莱泉书院"。莱泉书院成为当地教导百姓的重要场所，此后众多被贬谪于此的名贤也乐于继承寇公衣钵，在此讲学传道。

雷州地处偏远，自然条件恶劣，据万历《雷州府志》记载，"雷地病燥涸"，也就是说，这里虽处岭南，却因为雷州半岛旱季持续时间长，经常发生旱灾；同时，该地三面环海，常受飓风、咸潮侵袭，也为台风之首冲，如果没有有效的捍海堤坝，台风极易对雷州造成巨大危害。寇准为了改善此状，便带领百姓兴修水利，建立水塘，塘成后，旱时蓄水，缓解了此地季节性缺水的情况。虽然寇准少年得志，却也做过县令，治理过地方，他根据之前的经验，带领雷州百姓学习中原先进的耕种技术，开渠引水灌溉良田，作物的产量也得到了提高。

所以，寇准在雷州尽管过得清苦，但是在精神上却并不空虚，斗志也不低迷，他虽然盼着离开此地，却也下定决心在离开前尽自己所能造福一方百姓，而他也确实做到了，也因此，这位曾做过宰相的寇大人，在雷州百姓的心中是高贵无比的。

不管历史如何评价寇准，但他在雷州乃至整个大宋的老百姓的心目中，有着举足轻重的地位。百姓不曾因他身居高位而惧怕他，反而因他卓著的贡献而由衷爱戴他，把他奉为圣贤之人。而在朝堂之上忙碌一生的寇准，也终于有机会静下来思考一下人生了。寇准虽然数次身居高位，却一生追求至纯至性，向往精神上的自由。此刻他远离政治中心，与百姓们打成一片，再也不用勾心斗角，只需随心而为，躬耕陇亩之中，也落得个自由自在。

除了帮助治理地方，寇准在雷州还找到了新的消遣方式，他再也不热衷于宴饮，而是将更多精力放在了另一门学问上。因为住在寺庙，寇准开始潜心佛法，和少时的初窥门径不同，此时饱经风霜的寇准对这门学问深奥的宗教有了更深的理解，这让他的心态更加淡然平静。在此期间，寇准和天宁寺僧人们切磋佛学，甚至为了研究佛学，遍访雷州其他寺庙。

这样的恬淡不争，只出现在寇准最后的时光里。可见，已入暮年的寇准与雷州是互相成就的。寇准改善了雷州的面貌，造福了一方百姓，而雷州艰苦平淡而又远离纷争的生活，同样让寇准获得了前所未有的宁静。

由于寇准的贡献，敬贤如师的雷州人为他修了寇公祠作为永久纪念；更修"十贤祠"，永久纪念宋代流寓雷州的社稷忠臣和贤达名士，而寇准则被列为"十贤"之首。

第三节 埋骨异乡

在漫长的等待中，寇准逐渐走向了生命的尽头。天圣元年（1023年）闰九月七日，寇准觉察到了自己身体的异样。在这最后阶段，寇准的身体越来越差，知道自己命不久矣的寇准于病榻上留下诀别诗：

> 多病将经岁，逢迎故不能。
> 书唯看药录，客只待医僧。
> 壮志销如雪，幽怀冷似冰。
> 郡斋风雨后，无睡对孤灯。

从寇准的诗中，还是可以看出，寇准仍是心有不甘的。他吩咐家人在杂乱的物品中翻出当年太宗皇帝赐给自己的犀带。寇准于病榻之上反复摩挲着犀带，回忆起年少的岁月。这条犀带乃是通天犀制成，价值连城，虽然历经几十年的岁月，却依然光彩如初。寇准对太宗所赐的犀带珍惜无比，很少拿出来示人。在道州穿宰相官服时，也不曾拿出来佩戴。因为这条犀带，是寇准最为光辉之时的象征。当初，太宗皇帝得到宝物后，便遣人打造出两条一模一样的犀带，一条自用，另一条便赏赐给了寇准，这是何等的荣耀。于寇准而言，太宗像是父亲般的存在，培养他，锻炼他，偏爱他，无限信任他，虽然太宗在位时寇准年纪尚轻，可正因少年便得太宗无限赏识，才造就了寇准一生自信、高傲的性格底色，才能让寇准不惧外敌，不畏强权，不论顺境逆境都能坚守本心。回忆起自己多年官场沉浮，自己为大宋所做的事情，也算对得起太宗的信任了。

他又想到了真宗，两人的关系困扰寇准半生，他经历了数次起伏，却始终没有找到与真宗和谐相处的正确出路。但此刻，所有的答案都不再重要了。即使心有不甘，但当他想到雷州这块荒凉而又充满希望的土地时，之前的成败已经如烟般散去了。

想到这，寇准缓缓坐起身，不舍地望向窗外。嗣子寇随以为父亲仍在盼着朝廷的赦免，便对他说："父亲，您就别看了，朝廷早把您忘了！"

寇准说："我是看天晴了没有，雨都下了好几天了，老百姓的庄稼要遭殃了！"

"父亲，您身体要紧，莫要再操心农事了。"

良久，寇准未再说话，床边守着的家人已经哭作一团，他们知道，寇准说的是真话，却又不全是真话，他期盼着的，又何止雷州一地的风调雨顺？大宋的江山都在他眼中，他又怎能放心得下？只是时间和身体已经不允许他再牵挂任何事物了，直到此时，他对大宋的牵挂也不曾淡去一分。

弥留之际，寇准仿佛看到了当初规劝自己的老友张咏，他喃喃道："兄长，我终于明白你有多眷恋蜀地了，我在雷州做得可还好？"

寇随看着病床上的寇准一直念叨着"雷州"二字,便轻轻握住寇准的手,告诉他:"父亲,今日便会天晴,几日内都不会下雨了。"

"好……"寇准脸上的皱纹渐渐舒展开来,仿佛这次晴天,结束的是他一生的阴霾。

"送为父……归乡……"寇准自十九岁走上仕途,就一步步远离自己的家乡,他从未想过要带着无限的荣耀回到故乡,以此光宗耀祖。而如今,他终于想起了自己的故乡,他想起了当年那个华山之巅的少年。

"是,父亲……"听到寇随的承诺,寇准放心地闭上了眼睛。

寇准死后,他所盼望的圣旨终于到了,朝廷令寇准徙衡州司马。只是这位对大宋鞠躬尽瘁的老人再也没法接下皇帝的恩赏了。

寇准死后,他的妻子宋氏上书朝廷,请求让寇准归葬华州故里,宋仁宗准请。送葬队伍一路北行,沿路百姓听说寇准灵柩经过,纷纷表示哀悼追思。寇准的灵柩途经公安县时,人们自发在路边设祭,百姓们将竹子砍下,插在送葬队伍经过的路上,为寇准铺下一片苍翠。为表心意,他们还将钱币挂于竹上,希望这位一生清廉的宰相在黄泉路上不再潦倒。待送葬队伍过去,一场雨后,这些插在地上的竹子竟然生根,长成了一片竹林。百姓们纷纷奔走相告:"这是寇公收到我们的诚意了!"后百姓在这片竹林旁建立祠堂,专门纪念寇准。

从雷州出发,运送棺椁到华州,在当时实属一个大工程,浩浩荡荡的送葬队伍在路上就要半年之久，更何况寇准家中并无余钱，送葬队伍走到洛阳巩县，寇家就已散尽家资，再也无力继续向北。此时，被贬于衡州的李迪听闻此事，便帮忙料理寇准后事，将寇准的灵柩暂厝于衡州岳屏山花药寺，后将灵柩埋于洛阳巩县。十年之后，仁宗终于为寇准平反，并敕令恢复他生前的太子太傅和莱国公的官职和爵位，又追赠中书令，谥"忠愍"。寇准终于得以魂归故里。

第四节　世人评说

范仲淹曾评价寇准："寇莱公澶渊之役，而能左右天子，不动如山，天下谓之大忠。"

王安石也曾这样歌颂寇准的功绩："欢盟从此至今日，丞相莱公功第一。"

元代脱脱曾这样评价寇准："准于太宗朝论建太子，谓神器不可谋及妇人、谋及中官、谋及近臣。此三言者，可为万世龟鉴。澶渊之幸，力沮众议，竟成隽功，古所谓大臣者，于斯见之。然挽衣留谏，面诋同列，虽有直言之风，而少包荒之量。定策禁中，不慎所与，致启怀政邪谋，坐窜南裔。勋业如是而不令厥终，所谓'臣不密则失身'，岂不信哉！"脱脱对寇准的肯定有两件事，其一便是寇准告诫太宗立储之事不能与妇人、宦官、近臣三类人讨论，寇准对这件事的看法，对以后历朝历代都有借鉴意义；其二便是澶渊之盟，左右天子之功，无愧于"大臣"二字。脱脱认为寇准的不足，也是两件事，其一便是挽衣留谏，太过执着于细枝末节，显得度量不够；其二便是谋划皇权交接大事，竟然因一着不慎满盘皆输，难免让人惋惜。

寇准一生，生动地诠释了何谓"忠"与"愍"。他的忠，是站在民族大义角度上的忠，他不局限于忠君，却立足于爱国。寇准忠君，却不唯君。他的愍，是佐国逢难之愍，既代表了他的人生际遇之坎坷，也表现了仁宗对他的惋惜，以及对他定策澶渊之功的极大肯定。

虽为文臣，在国家危急关头，他毫无惧色，软硬兼施"逼迫"皇帝亲征，不惜得罪皇帝也不做出让步。在澶渊之役中，寇准冷静沉着，以非凡的胆略化解国家危机。虽然二十万辽军兵临城下，寇准仍镇定自若，以其智慧和胆略帮助真宗克服恐惧，谈笑风生的背后是他缜密的长久谋划、对敌我态势的充分认识。在双方都希望平息战火时，寇准又审时度势地改变主战策略，让大宋以最小的代价与辽达成和议，为宋辽两国人民隔绝了战火，迎来了百年的和平。这种顾全大局、审时度势的抉择，是具有历史意义的。

寇准之忠，体现在他的疾恶如仇、孤勇不群上。辽国兵犯边境时，真宗召群臣问御戎之策，王钦若、陈尧叟都劝皇帝迁都避祸。真宗以此来问寇准。当时王、陈二人在一旁，寇准却直言"谁为陛下画此策者，罪可诛也"，寇准这样的刚直和孤傲为自己树立了众多政敌，可他却不曾改变行事风格，与其说他性格乖戾，不如说他就是想要直击对方痛点，用最简单的方式劝说皇帝。如果当时他也像其他朝臣那样唯唯诺诺，真宗必然会做出妥协的抉择，大宋面临的耻辱和危机是不可估量的。

身为谏臣，他敢于谏言，刚直忠勇，不以皇帝好恶而改变初衷，更能做到不计个人得失。他敢于直言皇帝过失，揭露弊政，指陈时政得失。寇准曾以"大旱之征，盖刑有所不平也"来揭露司法不公，将当朝副宰相徇私之事揭露无余。寇准为参知政事时上朝奏事，因言语切直而触怒太宗，太宗愤起欲离去，寇准则挽衣相留，请其复坐，事决乃退。寇准数次冒着得罪皇帝的风险谏言，成就了他与太宗间的君臣佳话。虽然他在真宗朝做出违心献天书之事，但并不能由此认定寇准初心已改，只能说寇准明白：面对新的情势，要想实现自己的主张，必须做出一些必要的改变。天禧三年（1019年），寇准再次入相时，其门生曾劝他明哲保身，寇准依然冒着风险入朝为相。他明知形势对自己不利，却仍然逆流而上，他的出发点永远是匡扶大宋江山社稷，至于个人荣辱，可以置之度外。

寇准之忠，还体现在他不计后果，不惧时势，匡扶正道。天禧末年，真宗寝疾，刘太后渐预朝政。真宗意不能平，寇准探知其意，乃上奏劝黜丁谓，并"择方正大臣为羽翼"。真宗便将大事托付于他。事变之后，寇准罢相遭贬。寇准若为自己的权势考虑，当时大可以选择明显处于优势地位的刘皇后。但寇准仍然从防止外戚篡权的角度出发，选择扶持势力微弱的少主，这种明知不可为而为之的勇气，源于他对赵氏江山的忠诚，对社稷的忠诚。

也正因此，不论是他得罪过的王旦，还是为了牵制他才被任命为相的毕士安，都对寇准倍加推崇，王旦盛称其"忠直"，贤相毕士安也称赞他"忠义，善断大事""忘身徇国，秉道疾邪"。寇准的性格虽不为主流所喜，但如没有寇准这样的人，真宗这样的守成之君，在外患之时必将无人可用。

寇准的忠诚，不仅限于忠君，更难能可贵的是，寇准始终能够做到忠于民。寇准初入仕途时知巴东、成安二县，他待百姓以礼，以实际作为减轻了百姓的压力，抑制豪强势力。大中祥符年间，寇准罢相后判永兴军。他虽被贬在外，却仍然以百姓事务为己任，刚到任就上奏反映民生问题，再次帮助百姓减免赋税负担，为民解忧。后来贬至雷州，他忍受病痛和心理上的压抑，为雷州百姓办学、修水利，这样的爱民如子，才是他忠的体现。

寇准去世以后，有很多名臣墨客题诗撰文，表达对寇公的仰慕和敬佩。寇准病逝三十六年后，苏门三父子一起从嘉州乘船东下，经巴东时，苏轼和苏辙各写了一首缅怀寇准的诗。

> 莱公昔未遇，寂寞在巴东。
> 闻道山中树，犹余手种松。
> 江山养豪俊，礼数困英雄。
> 执板迎官长，趋尘拜下风。
> 当年谁刺史，应未识三公。
> ——苏轼《过巴东县不泊，闻颇有莱公遗迹》

> 人知公惠在巴东，不识三朝社稷功。
> 平日孤舟已何处，江亭依旧傍秋风。
>
> ——苏辙《秋风亭》

可见，寇准已经成为士大夫的精神楷模，深刻地影响着后世之人，影响着大宋的风骨。

寇准的影响，不仅在文治上，更在武功上。寇准主张抗击辽国、促成澶渊之盟，不但给大宋带来百年的和平，也给在军事上孱弱的大宋留下了一抹不屈不挠的色彩。南宋名相李纲，因力主抗金而被罢相，遭贬经过雷州时，专谒"寇忠愍祠"凭吊寇公。因自己的命运与寇准极其相似，他感慨极深，写下《谒寇忠愍祠堂六首》，以壮志缅古，"其六"曰：

> 凿井得泉今尚美，挂钱插竹后成林。
> 精忠感动无情物，不解潜消谗妒心。

这既是缅怀颂扬寇准功业，又是倾诉自己胸中块垒。

咏颂寇准的诗句中，还有陆游《秋风亭拜寇莱公遗像》二首，"其二"曰：

> 豪杰何心后世名，材高遇事即峥嵘。
> 巴东诗句澶州策，信手拈来尽可惊。

这首诗对寇准的诗文才华和安邦定国的才能都给予了高度评价，多被人引用。

除了歌颂寇准的忠义，后世在谈论起寇准时，也有不少质疑，认为寇准在性格上存在着明显的缺陷，若是性格上能够再完善些，则更完美。

比如关于寇准的豪奢，民间甚至有故事流传下来：

寇准早年被宋太宗赐婚，娶了皇姨宋娥。婚后，夫妇二人每天设宴享乐。一天，寇准的舅舅赵午来到寇家，见此情景，感慨道："你每天如此享乐，我不禁想到你母亲吃了一辈子的苦，从来没有如此挥霍。"寇准听了连忙下跪，自省不该贪图享乐，而忘记了母亲生前受过的苦难。寇准请赵午一同入席，赵午执意不肯，说："你在这里锦衣玉食，知不知道家乡遇灾，已经饿死了许多人。"寇准惭愧不已，命人撤掉宴席，请旨回乡赈灾……

还有一则故事，也说的是寇准生活奢侈：

每当"夜宴"，寇准的府邸点起大量的蜡烛，亮如白昼，连茅厕也不例外。宴席间，还有歌姬跳舞助兴，高兴之余，寇准每每大肆奖给她们丝绸。寇准的小妾茜桃因此写诗："一曲清歌一束绫，美人犹自意嫌轻。不知织女寒窗下，几度抛梭织得成。"

其实这也不难理解。当时，宋朝士大夫阶层的风气便是如此，文官待遇优厚，文人间交往的最主要方式便是宴饮，寇准不过是与时风相合罢了。况且寇准本就视金钱如粪土，他追求的是精神上的愉悦和自由，所以他不蓄家财，舍得如此挥霍，以致死后家中无资将他送回故里安葬。与其说寇准生活豪奢，不如说是其性格豪迈。

寇准晚年时写过一首《六悔铭》：

> 官行私曲失时悔，
> 富不俭用贫时悔，
> 艺不少学过时悔，
> 见事不学用时悔，
> 醉发狂言醒时悔，
> 安不将息病时悔。

寇准的悔意，是他晚年落寞的自省，还是对他奢侈自傲行为的开脱，我们已不得而知，但正是这样一个豪侈不羁的寇准，在于史册上留名的完美圣人中间，更显别致可爱。

一千年过去，寇准的忠愍功过，犹能让后人津津乐道，寇莱公的形象，仍难在众人心中实现完全统一。这位能让当时人褒贬不一、让后世人争论不休的千古一相，用自己传奇的一生，诠释了不朽。